沧浪 编著

汉字文化的魅力

那些隐藏在汉字背后的个性和故事

北京大学出版社
PEKING UNIVERSITY PRESS

汉字文化的魅力

  语言与文字，是两个系统。语言是用来说和听的，文字是用来写和读的。不管你多会说和听，如果你不会写和读，你可能会被人看作"没有文化"。

  唉，现在"地球村""全球化"了，除了汉语，还有英语、法语、德语、日语……

  你可能会说，我汉语不好，但我英语很好，我法语很好，德语很好，我日语很好……能说会写，能听会读，你能说我没有文化吗？

  哦，等等，你现在在哪？如果在中国，恐怕你听不懂风靡中国的周杰伦的《菊花台》吧？央视热播的《中国谜语大会》你跟得上不……如果你身边的人课前操后、上班下班、车上车下谈笑风生分享这些，你会不会觉得自己像个外星人？还有，如果你要到"文化单位"求职，你底气如何……

  中国传统文化跟汉字的关系至深，譬如诗词、对联、谜语、书法、妙文，以及文人间的逸闻趣事，都有赖于汉字那魔幻般的特性。就像我们在学校里看到一个穿着校服的男生，到了篮球场，他扣篮像"美职篮"球星，进了歌厅，他唱歌像歌手……你是不是觉得这个男生很奇妙？你会不会想知道，他还有多少你不知道的东西？看似简单的一个个汉字，在才华横溢的古代才俊那儿，怎么就变得那么有个性，有魅力呢？

  一个战士不必成为造枪专家，但要追求成为神枪手。我们也不一定要成为文字专家，但当你结合身边的语境，用文字恰当地表达出自己某时某刻的感觉，将当时微妙的意境记录下来时,文字运用高手的自豪感和自信心会油然而生。前人举手投足的趣闻轶事,先贤凝眸巧思所得之作品特别能感染和启发我们。

"立德、立言、立身","文章乃天成,妙手偶得之",所有这些,无不在向我们昭示,文字与人生,文字与文理,其实是很崇高的,是可以去追求的。

汉字,因其独特的表述张力,让汉语文化变化无穷,绚丽多姿;汉语文化,因其灿烂迷人,让汉字魅力历久弥新。

中国台湾"音乐鬼才"方文山、畅销书作家张曼娟,他们都很喜欢这本书,你喜欢吗?

关于书名和版本的说明:

本书原名为《汉字的魅力》(中国妇女出版社,2010年6月),自出版以来,逐渐受到读者的广泛认可和好评,其版权被台湾地区引入后,受到台湾文艺界和广大读者的热捧,目前已多次再版。为更好地展现书中内容的精髓,使读者更易于品味到中华文化骨子里的魅力,此次再版以新的面貌呈现给读者,增删更换了大部分插图,内容上更加精益求精,并将书名改为《汉字文化的魅力》,以使书名与内容更加贴切。

目 录

第一章 概说中华文明载体之汉字

汉字以其独特的魅力，成为中华文明的载体和基础。它是民族文化的化石，是华夏历史的记录者，是前人智慧的结晶，是有着鲜活生命的"你""我""他"。在我们的方块字中潜藏着丰富的审美和诗意，有着深厚的文化意蕴，有着独特的文化魅力……

　　一、汉字的起源 ………………… 3
　　二、汉字的演变 ………………… 6
　　三、汉字的特点 ………………… 13
　　四、汉字的魅力 ………………… 17

第二章 对联：对称和谐——汉字之妙

对联这种短小精悍的文学样式自问世之日起，就以其尺幅千里的特色赢得了最广大的创作者和欣赏者，从而呈现出勃勃生机。上自风流儒雅的文人骚客，下至引车卖浆的下里巴人，无不对其青睐有加。山河古迹无联则不能言胜，千古人物有联方彰显功过。对联可以寄情，可以寓志；可赞造化伟大，可叹人物是非；或悼或贺，或斥歪，或颂正。

　　一、机智篇 ………………… 23
　　二、讽刺篇 ………………… 37
　　三、修辞篇 ………………… 48
　　四、趣联名联篇 …………… 61

第三章 诗词：韵律意境——汉字之雅

　　我国古代诗词中曾有过许多乍看是文字游戏，细品又饶有风趣的短诗小词，在老百姓特别是文化人中颇受欢迎。近似玩笑的文字中，蕴涵了深厚的机智幽默和丰富的文化底蕴。它们不仅能产生雅趣，陶冶情操，而且也颇有教益。这些诗词有的巧夺天工，叹为观止，有的诙谐幽默，趣味盎然，常给人妙语连珠，拍案叫绝的快感。

　　　　一、回文篇………………… 77
　　　　二、打油篇………………… 89
　　　　三、杂体篇………………… 94
　　　　四、诗趣篇………………… 106

第四章 谜语：精妙机智——汉字之巧

　　谜语故事是老百姓喜闻乐见的一种文字游戏形式——它包罗万象，上至宇宙星辰，下到针头线脑，皆可融入其中；它诙谐风趣，既可讥讽嘲喻，亦可娱人娱己；它雅俗共赏，无论贩夫走卒，还是高人雅士，都可从中找到属于自己的乐趣。最重要的是，谜语机智精巧，对于开发智力、拓展思维，极有裨益。

　　　　一、字谜篇………………… 121
　　　　二、事物篇………………… 136
　　　　三、谐趣篇………………… 141

第五章 书法：形体结构——汉字之美

　　书法，作为中华民族独有的文字艺术，古老悠久而又生机勃勃。它是汉字形体结构之美的代表，最能体现出个人修养、个性魅力和时代精神。只有含蓄隽永、机敏睿智的炎黄子孙，才能将这独具特色的方块字演绎得如此风姿俊秀。

　　　　一、名家篇………………… 151
　　　　二、名作篇………………… 163
　　　　三、故事篇………………… 174

第六章 趣闻：野史杂谈——汉字之趣

中华民族从古至今，文人墨客间颇多趣闻轶事，它们或来自于典籍，或来自于民间。这些趣闻诙谐多智、妙趣横生、出奇制胜，读来不仅有助于启发我们随机应变的智慧，亦能提高我们的人文修养。

一、应答篇 187

二、点睛篇 195

三、姓名篇 203

四、逸闻篇 209

第七章 妙文：诙谐搞笑——汉字之谑

我们的生活需要笑。笑是生活中不可缺少的甘甜调料，没有笑声的生活是一种酷刑。没有笑，生活的枯燥乏味难以接受。

是寓庄于谐的奇文也罢，是辛辣讽刺的檄文也罢，抑或是恶搞无厘头的怪文也罢，若能给繁忙的生活增添几分笑料，给紧张的心情注入几声舒缓的乐音，则此文就已达到目的了。

一、古文篇 221

二、今文篇 235

第一章
概说中华文明载体之汉字

汉字以其独特的魅力，成为中华文明的载体和基础。它是民族文化的化石，是华夏历史的记录者，是前人智慧的结晶，是有着鲜活生命的"你""我""他"。在我们的方块字中潜藏着丰富的美感和诗意，有着深厚的文化意蕴，有着独特的文化魅力……

众所周知，在世界各种文明中，中华文明是唯一一个延续了几千年而没有间断的文明，它为人类文明的发展做出了巨大贡献，创造了举世瞩目的文明成果，并建立了与西方文明截然不同的华夏文明圈。

此间，汉字厥功甚伟。因为如果没有汉字的承载和赓续，灿烂悠久的中华文明就会随着时间的流变而归于销铄与湮灭。经时益彰、历久弥新的汉字，既是中华文明得以传承与发展的载体，又是中华文明实现繁荣兴盛的根基与依托。

第一章
概说中华文明载体之汉字

一、汉字的起源

关于汉字的起源,中国古代文献上有种种说法,如"结绳""八卦""图画""书契"等。古书上还普遍记载黄帝史官仓颉造字的传说。但事实上,成系统的文字工具不可能完全由一个人创造出来,而应该是广大人民群众根据实际的生活需要,经过长期的社会实践才慢慢丰富和发展起来的。

作为汉字的前身,我国最早的刻画符号出现在河南舞阳贾湖遗址,距今已有八千多年的历史。但具有文字特征的"象形字",则在山东大汶口文化遗址中被发现,距今有四千五百多年的历史,比甲骨文还要早一千多年。因此,科学的说法是,中国至少在虞夏时期就已经有了正式的文字,但到了殷商时代的甲骨文和金文出现后,才开始有了成熟的文字系统。

殷商时期出现的文字不仅数量多,还突出地表现在文字的造字方式已经形成了自己的特点和规律。它是后人造字的基础法则,而在这个法则的基础上,后人再加以拓展发挥,便形成了六种汉字构造条例,即所谓的汉字六书:象形、指事、形声、会意、转注、假借。其中象形、指事、会意、形声主要是"造字法", 转注、假借是"用字法"。

象形，是形成汉字的最早方法。用线条或笔画，把要表达物体的外形特征具体地勾画出来，从而创造出最原始的文字。例如，"月"字像一弯明月的形状，"龟"（龜）字像一只龟的侧面形状，"马"（馬）字就是一匹有马鬣、有四腿的马，"门"（門）字就是左右两扇门的形状，等等。象形字来源于图画文字，容易识别，但局限性很大，因为有些事物是画不出来的。

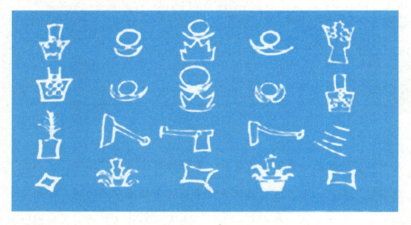

大汶口文化中的图画文字

指事，是弥补象形局限性的另一种造字法。它与象形的主要分别是，指事字中含有绘画中较抽象的东西。例如"刃"字是在"刀"的锋利处加上一点，以作标示；"凶"字则是在"陷阱"里加上交叉符号；"上""下"二字则是在主体"一"的上方或下方画上标示符号；"三"则由三横来表示。这些字的笔画，都有较抽象的部分。象形和指事都是独体造字法，所造出来的字是一个整体，不能分割。

会意，则是合体造字法，是由两个或多个独体字组成，各组成部分合并起来，表达一个新字的意思。例如"酒"字，以酿酒的瓦瓶"酉"和液体"水"合起来表达字义；"解"字的剖拆字义，是以用"刀"把"牛"和"角"分开来表达；"鸣"指鸟的叫声，于是用"口"和"鸟"组合而成。

形声，亦是合体造字法。象形、指事、会意都能从字形上看出字的意义，但却不能读出字音，因此又创造出形声法来造字。把表示读音的声旁和表示意义的形旁搭配起来，可组成很多新字。例如"樱"字，声旁是"婴"，表示它的读音与"婴"字一样，形旁是"木"，表示它是一种树木；"爸"字，声旁是"巴"，形旁则是"父"。由于形声造字法在创造新文字方面十分方便，因此这样的文字越造越多，据统计，形声字占汉字的80%左右。

转注，则属于"用字法"。不同地区因为发音的不同，以及地域上的隔阂，以至于对同样的事物会有不同的称呼。当两个字用来表达相同的东西，词义一样时，它们会有相同的部首或部件。例如"考""老"二字，本义都是长者；"颠""顶"二字，本义都是头顶；"窍""空"二字，本义都是孔。这些字有相同的部首（或部件）及解析，读音上有音转的关系。

假借，也是"用字法"。口语里有的词，没有相应的文字对应。于是就找一个和它发音相同的同音字来表示它的含义。例如"自"本来是"鼻"的象形字，后来借作"自己"的"自"；"长"是长发，借为"长久"的"长"（出自《诗经·商颂·长发》）；"难（鵝、難）"原是鸟名，借为"艰难"的"难"。

汉字"六书"系统出现后，人们再造新字时，便都有了依据，也就促进了汉字的形成、发展和完善，适应了人类社会的发展需要，从而创造出辉煌灿烂的中华文化。

二、汉字的演变

　　直到殷商时期甲骨文的出现，汉字才算得上一个文字系统，因此我们讨论汉字的演变和发展，一般都是从甲骨文说起。汉字的演变过程，总体上来说，是先从象形的图画，到线条的符号，再到适应毛笔书写的笔画，最后到便于雕刻的印刷字体。而促使其演变的动力，说来十分简单——便于书写和使用而已。

　　一般来说，汉字的发展可以划分为两大阶段。从甲骨文字到小篆是一个阶段，从秦汉时期的隶书以后是另一个阶段。前者属于古文字的范畴，后者属于近代文字的范畴。大体说来，从隶书到今天使用的现代汉字，形体上没有太大的变化。

1. 甲骨文

　　甲骨文为商朝后期用写或刻的方式，在龟甲、兽骨上所留下的文字，其内容多为"卜辞"，少数为"记事辞"。甲骨文大部分符合象形、会意的造字原则，形声字只占20%。其文字有刀刻的，有的刀刻后填满朱砂；也有直接朱书或墨书的。甲骨文多为图画文字演变而成，象形程度高，且一字多体，笔画不定。这说明中国的文字在殷商时期尚未统一。

甲骨文：殷商武丁早期征讨卜辞　　　　　甲骨文拓片

2. 金文

金文又称钟鼎文或铭文，是铸刻在青铜器上的文字。它从商朝后期开始在青铜器上出现，至西周时发展起来。大体上商后期在青铜器上的铭文不超过50个字，西周末年的毛公鼎上铸的文字则长达497个字。现在先后出土的商周青铜器有1万件以上。据古文字学家容庚所编《金文编》统计，金文单字共3000多个，其中2000个字如今已经识别出来。金文的形体和结构同甲骨文非常相近，基本上是同一种字形。

甲骨文是商代文字的俗体，金文才是正体，显示了正体多繁，俗体趋简的印迹。

大盂鼎　　　　　金文：《大盂鼎铭文》拓片（部分）

3. 大篆

　　篆的意思就是把笔画拉长，成为一种柔婉美化的长线条。在中国文字史上，夏、商、周三代，就其对文字学的贡献而言，以史籀为最。史籀是周宣王的史官，他别创新体，以趋简便。大篆因其为史籀所作，又有籀文、籀篆、籀书、史书之称。大篆散见于《说文解字》和后人所收集的各种钟鼎彝器中，其中以周宣王时的石鼓文最为著名。

4. 小篆

　　小篆又名秦篆，是由秦朝丞相李斯对大篆加以去繁就简而成，又名玉筋篆，意即笔力遒劲。小篆的形体结构规正协调，笔势匀圆整齐，偏旁也作了改换归并，线条化和规范化达到了完善的程度，几乎完全脱离了图画文字，基本上成为长方形的方块字体，整齐和谐，十分美观。从大篆到小篆的文字变革，在中国文字史上具有极其重大的意义。

大篆：《石鼓文》拓片（部分）　　　小篆：《峄山石刻》拓片（部分）

5. 隶书

小篆虽是文字上的一大进步，也有它自己的根本性缺点，那就是它的线条用笔书写起来很不方便，所以几乎在同时也产生了形体向两边撑开成为扁方形的隶书。从小篆向隶书演变的第一步，最显著的变化是从弯曲的线条变为平直的笔画，从无角变成有角。隶书主要有秦隶和汉隶，秦隶是隶书的早期形式，汉隶则为隶书的成熟字体。通常所说的隶书是指汉隶中的"八分"。隶书发展到"八分"，已经是成熟的隶书字体了。隶书因其字体方正、厚实，故带有刚正不阿的严肃感。

6. 草书

隶书后来又演变成草书。这是一种隶书的快写体，它发展成为独立字体，大约始于东汉。草书本于章草，而章草又带有比较浓厚的隶书味道，因其多用于奏章而得名。章草进一步发展而成为今草，即人们通常称呼的"一笔书"。今草大部分较章草及行书更趋于简洁。到了唐朝出现了抒发书者胸臆，寄情于笔端的狂草。草书给观者一种豪放不羁、流畅之感。

隶书：《曹全碑》拓片（部分）

于右任的草书作品

7. 楷书

与草书同时兴起的还有楷书，它又名"正书"或"真书"，成熟于东汉时期，盛行于魏晋南北朝时期。楷书包含了古隶的方正、八分的遒美及章草的简洁等优点。这种字体一直沿用至今，被视为标准字体且为世人所喜爱。楷书给人一种因稳重而衍生出的宁静感。

8. 行书

介于楷书与草书之间的是行书，据传是汉代刘德升所造。行书不同于隶、楷，其流动程度可以由书写者自由运用。行书表现出浪漫唯美的气息，传至今日，仍是我们日常书写所习惯使用的字体。

楷书：《原道碑》拓片（柳公权）　　行书：《闲居赋》（部分）（赵孟頫）

9. 印刷字体

印刷术发明后，为适应印刷，尤其是书刊印刷的需要，文字逐渐向适于印刷的方向发展，出现了横平竖直、方方正正的印刷字体——宋体。其发端于雕版印刷的黄金时代——宋朝，定型于明朝。宋体笔形横平竖直，雕刻起来的确容易，适于印刷刻版。宋体别创一格，清新悦目，又适合人们在阅读时的视觉要求，因此成为出版印刷使用的主要字体。

10. 电脑里的字体

随着科技和文化事业的发展，在西方文字字体的影响下，又出现了黑体、美术字体等多种新的字体，如海报（POP）体、综艺体、勘亭流、少女字体等，以及更多的宋体的变形，如仿宋、扁宋等。将各类字体的汉字收入电脑字库中，不同字体在文档中得到更方便的运用。

　　各个历史时期所形成的各种字体，有着各自鲜明的艺术特征。如篆书古朴典雅，隶书静中有动、富有装饰性，草书风驰电掣、结构紧凑，楷书工整秀丽，行书易识好写，各种字体风格多样，个性各异。这种由方块字所独有的形体结构美而衍生出来的艺术创造，就是中华民族特有的造型艺术——书法。

　　中国书法起源甚早，但真正意义上的书法的形成，有记载可考的，当在汉末魏晋之间。这一时期把文字的书写性发展到了一种审美阶段，使文字的书写融入了创造者的观念、思维、精神，并能激发审美对象的审美情感。

　　魏晋南北朝时期，众多书法家创造出风格多样、繁花似锦的书法艺术。晋代书法流美妍媚，风流潇洒，反映了士大夫阶层的清闲雅逸，体现出一种娴静美，被称为"晋人尚韵"。唐代书法犹如唐代国势，法度严谨、气魄雄伟，体现出唐朝国力富强的气派和勇于开拓的精神，具有大唐盛世的气魄，具有力度美，被称为"唐人尚法"。宋代纵横跌宕、沉着痛快的书风，正是在"国家多难而文运不衰"的局面下，文人墨客不满现实的个性展示，以书达意，表达一种心境，因此称"宋人尚意"。而到了元明两代，由于政府对文化和思想的压制，反映在书法上则是崇尚摹古，缺乏开拓和革新，平庸无奇，因此被称作"元明尚态"。

　　总之，追寻两千年书法发展的足迹，我们可以清晰地看到它与中国社会的发展相映，强烈地反映出每个时代的精神风貌。

三、汉字的特点

不同的民族，在不同的社会历史时期都会创造出自己所独有的文化形式和文化特质，而这种文化形式和文化特质沉淀下来，就会形成所谓的民族文化。而中华文化，作为古文化中唯一延续发展下来的文化，其载体汉字也就具有了历史活化石的性质。而在这中华文化的延续和传承过程中，汉字因其自身独有的特点，发挥了无可替代的巨大作用。

1. 再现性

汉字的再现性，就在于它能够再现一些东西的形象或特征，如：日、月、山、川、水等。而这些字又通过指事、会意、形声等造字方法，造就出了占80%以上的绝大部分汉字。由于汉字的这种独特性，使得某个生僻汉字的意义有规律可循，即使我们不认识，也能猜到其大致意思。这样，上千年前的文献中的汉字，今天我们照样认识。这对于保证文化的传承，起到了极其重要的作用。

2. 浓缩性

汉字的浓缩性，在于单个汉字符号所包含的社会信息量巨大。一系列复杂的社会信息，往往包含在一个汉字单元之中。这个特点，在古文中表现尤其明显。如孔子著《春秋》，以笔法行褒贬，其中仅仅说人的死去，就有"崩""薨""卒""死"等数种说法，分别代表着"帝王之死""诸侯之死""大夫之死"和"平民之死"。仅仅一个"死"的不同表述方法，其中就蕴涵了如此丰富的社会意义，可见中国的古书是以最少的文字记载了最多的信息。同样的信息量，用汉字表达是最简洁的，不信请翻翻联合国的文件。联合国的文件往往要写成英文、法文、西班牙文、中文等几种文字，同一个文件，中文版总是最薄的。

3. 联想性

汉字表意能力特别强，它像一幅图画，看惯了这些字，目击的瞬间就能萌发联想，甚至产生情感，使人的认识迅速发生变化。如"家"字，上有"房"（宝盖头），下有"财"（"豖"代表财富），说明要组成一个家庭，就需要一定的物质基础。这种联想性能够赋予枯燥的文字以丰富的内涵和雅趣，使之鲜活生动、栩栩如生。它对于文字本身的魅力，尤其对于中华传统文化的魅力来说，是绝对不可缺少的重要组成部分。

4. 吸纳性

联想性和浓缩性组合起来，从而又衍生出汉字的另一特性，即神奇的组词能力，往往一个字能构建出许多个意义单位（词）。如一个"白"字就组成了"白天""白痴""白兰地"等一百多个词条。这样，汉语常用的四万个词汇只需要三千个汉字构建即可，这些词汇进而又交织出绚丽多姿、气象万千的文章来。这种组词特性，在吸收外来词汇时表现得特别明显，我们根本不需要创造新字，只需要将几个汉字重新组合成词，就能够将外来词汇彻底吸收。相反，英语要不断制造新词来适应。据一位英国语言学家的研究，在每份《纽约时报》上都可以找到许多在现代英语词典中找不到的新单词。而任何一个新的科学技术的中文词汇（不论是电子、宇航，还是分子生物）所用的汉字，都罗列在古老的《康熙字典》中。因此，虽然中华文化经历过无数次外来文化的侵袭，我们却总能轻而易举地将之化解吸收，保证了中华文化的延续和发展。

5. 艺术性

汉字和汉语相应，一个字就代表一个音节、一个语素，因此也就产生了声韵、平仄、对仗……也就产生了对联、诗词、歌赋……可以说，这些辉煌灿烂、光照千秋的中国古典文学形式，几乎都是建立在汉字独特性的基础上的。而汉字所独有的形体结构美，更是生发出了中华民族所特有的书法艺术。看书法大师们的墨宝，有的高远飘逸，有的庄严凝重，有的苍劲有力，有的娟秀美丽，表现出种种神韵气质，这是世界上任何其他文字都难以呈现的艺术美。

6. 统一性

中国疆域广阔，方言众多。如果汉字是一种拼音文字，根据拼音文字是由发音来拼写的特点，那么由于不同方言的不同发音，恐怕时至今日，汉字早已分化为数十种不同的文字了。这在世界历史上是有先例的，如西方罗马帝国时代的拉丁语，现在已经分化为法语、意大利语、西班牙语等十多种语言。而不同的语言又代表不同的文化和传承，从而也就造就了种族和疆域的分化。也就是说，如果汉字是拼音文字，很有可能中国现在已经分裂为很多不同的国家和种族了。幸好汉字是表意文字，虽然在发音上各地不尽相同，但在书写上却有着绝对的统一性。可以说，对于汉字之于中国疆域、民族、文化的统一与融合的作用，无论做出怎样高的评价都不为过。

汉字所独有的特点和功用，不受时间、地域的限制。不仅对本民族的成员

产生积极的作用,而且还漂洋过海,对周边各民族产生同样深远的影响。早在隋唐时期,中国的汉字就随着外交往来而传播到当时的高丽、日本,从而对朝鲜半岛和日本的文化产生积极而又深远的影响,形成了所谓的"汉字文化圈",至今犹有余泽。

四、汉字的魅力

传说仓颉造字时"天雨粟，鬼夜哭"，惊天地，泣鬼神。的确，汉字的表意性，使它具有独特的魅力和非凡灵动的美。可以说，每一个汉字都静静地散发着文化的气息和生命的芬芳。

汉字之美，美在形体

中国文字的点画、结构和形体与外文不同。它变化微妙，形态不一，意趣迥异，从而诞生出名为"书法"的艺术。仅仅通过点画线条的强弱、浓淡、粗细等细微变化，再加上字形、字距和行间的分布所构成的优美章法布局，就能表达出种种思想感情，彰显不同的神韵气质，从而给观赏它的人带来巨大的艺术享受。其中的佼佼者如王羲之的《兰亭序》，全帖二十八行，三百二十四字，每一字都被王羲之创造出一种生命形象，赋予它们各自的秉性、精神、风仪，或坐，或卧，或行，或走，或舞，或歌，虽尺幅之内，群贤毕至，众相毕现，令人叹为观止。

汉字之美，美在神韵

汉字是在图画文字的基础上发展演变而来的，因此具有形象直观的特性，一眼望之就能触发情感和想象。"日"和"月"组成"明"字，"女"和"子"组成"好"字；"轻"字给人飘浮感，"重"字一望而沉坠；"笑"字令人欢快，"哭"字一看就想流泪；"冷霜"好像散发出一种寒气，而"幽深"两字一出现，便似乎进入森林或宁静的院落。这些有影无形的图画，这些横竖钩点的奇妙组合，与人的气质多么相近。它们在瞬间走进想象，然后又从想象流出，只在记忆中留下无穷的回味。

汉字之美，美在意境

汉字有它独特的韵律和优美的语感，尤其在古典诗词中我们能感受到汉字跳动的音符和那优美的意境。例如"春风又绿江南岸"中的"绿"字，让一幅绿意盎然的春天美景跃然纸上。用眼睛看"绿"，清新一片；用耳朵听"绿"，流水潺潺、鸟儿呢喃；用鼻子嗅"绿"，花香弥漫；用手摸"绿"，柔柔软软……

汉字之美，美在活力

中华文明延续至今，作为文化载体的汉字基本上没有太大的改变。这旺盛的生命力，足以让我们与千年前的先辈徜徉在同一片天空下。而在历次外来文化的入侵中，中国的汉字系统更以其瑰丽雄健的生命力证明了自己存在的价值。汉字系统，因其庞大的单字元素能轻而易举地融合各种外来的创新语素。它所提供给人们创新组合的天地宽广而简便。

当然，汉字系统也不是十全十美的，它也存在字形庞杂繁复，比较难认、难写等弱点，需要慎重地加以系统改革和创新。在总结历史经验和借鉴吸收了其他文字的可取之处后，汉字系统将进一步发扬光大。国运盛，汉字兴，汉字有着广阔美好的发展前景，汉字的优越性对中华民族的团结和振兴，将发挥其独特的作用。

第二章
对联：对称和谐——汉字之妙

对联这种短小精悍的文学样式自问世之日起，就以其尺幅千里的特色赢得了最广大的创作者和欣赏者，从而呈现出勃勃生机。上自风流儒雅的文人骚客，下至引车卖浆的下里巴人，无不对其青睐有加。山河古迹无联则不能言胜，千古人物有联方彰显功过。对联可以寄情，可以寓志；可赞造化伟大，可叹人物是非；或悼或贺，或斥歪，或颂正。

对联，雅称"楹联"，俗称对子，是我国一种独特的文学艺术形式。它始于五代，盛于明清，迄今已有一千多年的历史。

早在秦汉以前，我国民间就有过年悬挂桃符的习俗。所谓桃符，即把传说中的降鬼大神"神荼"和"郁垒"的名字，分别书写在两块桃木板上，悬挂于左右门框，以驱鬼压邪。这种习俗持续了一千多年，到了五代，人们才开始把联语题于桃木板上。据《宋史》记载，五代后蜀主孟昶"每岁除，命学士为词，题桃符，置寝门左右。末年，学士幸寅逊撰词，昶以其非工，自命笔题云：'新年纳余庆，嘉节号长春。'"这是我国最早出现的一副春联。

桃符

宋代以后，民间新年悬挂春联已经相当普遍，王安石的"千门万户曈曈日，总把新桃换旧符"的诗句，就是当时悬挂春联盛况的真实写照。由于春联的出现和桃符有密切的关系，所以古人又称春联为"桃符"。

一直到了明代，人们才开始用红纸代替桃木板，出现了我们今天所见的春联。据《簪云楼杂话》记载，明太祖朱元璋定都金陵后，除夕前，曾命公卿士庶家门必须加春联一副，并亲自微服出巡，挨门观赏取乐。尔后，文人学士无不把题联作对视为雅事。入清以后，对联曾鼎盛一时，出现了不少脍炙人口的名联佳对。

第二章

对联：对称和谐——汉字之妙

一、机智篇

古代文人常用对联应酬唱和，既考验双方的文学修养，亦考验彼此随机应变的能力。在这些应酬对答中所闪现出来的机智幽默，常令人叹为观止。

宋神宗年间，辽国派遣使者来中原，苏东坡奉命招待。辽使者久闻苏东坡大名，出一联要苏东坡来对：

三光日月星。

辽使者认为这是副绝对，因为联语中的数量词，一定要用数量词来对。上联用了个"三"字，下联就不应重复。而"三光"之下只有三个字，那么，无论你用哪个数目来对，后面跟着的字数，不是多于三，就是少于三。谁知，苏东坡略一思索，就对出下联：

四诗风雅颂。

此对甚妙。妙在"四诗"只有"风、雅、颂"三个名称。

辽使说："我还以为是绝对呢。不想让你轻易对上了。"苏东坡说："什么绝对，我还可以补上三联呢。其一：一阵风雷雨；其二：两朝兄弟邦；其三：四德元亨利。"辽使问："《周易》中'乾'卦里的四德应该是'元、亨、利、贞'啊，怎么漏了一字？"苏东坡答："最后一字是先皇圣讳，臣不能随口念出。"原来，先皇宋仁宗名叫赵祯，祯、贞同音，属于"圣讳"，故删去一德，亦成妙对。

《枯木怪石图》（苏东坡）

高明是元末明初人，是有名的戏剧作家。《琵琶记》这部古典名剧就是他创作的。他从小就聪明好学，特别喜欢对对联。六七岁的时候，有一天家里请客人吃饭。饭菜摆好了以后，父亲有事出去了，屋里就剩下高明和客人。看着桌上摆着的好吃的，小高明忍不住了，就偷偷抓了一把，往嘴里塞。客人看着挺有气，心想：我这个客人还没吃哪，你这小家伙倒抢先了。等到正式吃饭的时候，客人对高明的父亲说："听说您这个儿子挺会对对联，我出个上联，让他试试。"客人就说：

小儿不识道理，上桌偷食。

高明一听，这个客人也真是的，当着父亲的面揭自己的短儿，就不客气地对了一句：

村人有甚文章，中场出对。

对句里的"村人"，在这儿的意思是没知识的粗鲁人。客人一听这孩子骂自己是"粗人"，更有气了，接着说：

第二章

对联：对称和谐——汉字之妙

细颈壶头，敢向腰间出嘴。

意思是说，你这"小壶嘴"敢跟我这个"大壶身"斗嘴！

小高明马上对了个：

平头锁子，却从肚里生锈。

高明挖苦客人是一肚子"铁锈"，没什么正经学问。高明的父亲一看客人的脸都气白了，赶紧拿话岔开了，还让儿子先出去"凉快凉快"。

《长安客话》记载了这样一个故事：明太祖朱元璋与大臣刘三吾微服出游，在一家小酒馆里休息，想喝酒却没有下酒菜。朱元璋于是口吟一联：

小村店三杯五盏，无有东西。

刘三吾还没来得及想出下句，店主送酒过来，随口对道：

大明国一统万方，不分南北。

朱元璋次日早朝传旨将店主召去，赐官，店主固辞不受。

上联"东西"，在联中指下酒菜，但它又可表示方向。下联"南北"，正是与其方向之义相对，是为借对。

明朝初年，出了一个"神童"，叫解缙。解缙出身贫寒，父亲是开豆腐店的。他平时帮着父亲做做豆腐，空闲时间就发奋读书。7岁时，已能吟诗作对，出口惊人。

这一年新春，家家户户都贴春联。据说解缙家穿街斜对面是尚书府第，门高宅大，围墙内绿竹重重。相形之下，这豆腐店就显得特别寒碜。小解缙是个好胜之人，面对这一情景，心有不服，于是写了一副春联，贴在豆腐店门上，春联是：

门对千竿竹，

家藏万卷书。

这副春联一贴出，吸引来许多街坊，大家说长道短，议论纷纷。

闲言传到尚书的耳朵里,一问,知道是对门卖豆腐的老解家惹出的事,很是生气,于是下令砍去竹子。小解缙就在门联下面用红纸续了两个字,成了:

门对千竿竹短,

家藏万卷书长。

尚书看见门联后更加生气,干脆下令将竹子连根挖去。解缙于是又续了两个字:

门对千竿竹短无,

家藏万卷书长有。

尚书看到后极为惊讶,心想解缙小小的人儿能对出这样的对联,倒是稀奇,于是命家人去叫他来,要当面一试。谁知小解缙不肯随便上门,对来人说:"既然尚书有请,快去拿请帖来。"家人呆了一呆:"哎呀,好大的架子!"便回去向尚书诉说。尚书道:"莫和小孩子计较,就拿请帖去吧!"

《墨竹》(明 夏仲昭)

解缙收了请帖,来到尚书府门前,见正门关着,就止步不前,对家人说:"迎客有迎客之礼,为何不开正门?"家人无奈,只得又去禀告尚书。

第二章
对联：对称和谐——汉字之妙

尚书想了想，挥笔写了个上联，连同笔墨交与家人说道："递与学生。"

小解缙接过一看，见是一副对联的上联：

小犬无知嫌路窄。

解缙已知尚书的用意，心想：今日非叫你开正门迎接学生我不可！于是即刻接写了下联：

大鹏展翅恨天低。

尚书见对，无可奈何，只好大开正门。小解缙进了门，分宾主坐下后，尚书从桌上拿起一本书晃晃说："老夫听说你家有万卷之书，书藏哪里？"小解缙指指肚皮说："就在这里。"尚书又问："既然如此，那我出联你都能对吗？"小解缙眨眨眼睛："何止能对！"尚书看看这穿绿衣衫两目流盼的小家伙，口气竟这么大，不觉心里好笑，便出联道：

出水蛤蟆穿绿袄。

小解缙听了，看了一眼身穿红袍的尚书，便接着对了下联：

落汤螃蟹着红袍。

尚书本想讥笑解缙是个坐井观天的蛤蟆，不料自己反被奚落成一只死螃蟹，想小家伙竟如此不留情面，不由心里冒火，却不好发作，只好改换题目，再难小解缙道：

天做棋盘星做子，谁人敢下？

小解缙想，这也难不倒我，略一思索，便对道：

地做琵琶路做弦，哪个能弹？

尚书心里惊叹，问解缙父母做什么生意？解缙回答说：

父亲肩挑日月街前走，
母亲推转乾坤屋内磨。

这是一副谜语联，其实就是指解缙父母是以磨豆腐和卖豆腐为生。

尚书见解缙对答如流，从此深爱解缙之才，后来还把自己的女儿嫁给他。

因为解缙第一次上尚书家，一要有请帖，二要开正门，大家说这是"开豆腐店

摆豆腐架子",从此,"摆豆腐架子"这句话就在民间用开了。

《宋赵恒殿试佚事》(解缙)

明朝李东阳年幼时聪明过人,乃是当时有名的神童。皇帝召见他,他跨不过朝堂的门槛,皇帝说:

神童足短。

李东阳答道:

天子门高。

皇帝把他放在膝上,他的父亲跪在地下,皇帝说:

子坐父立,礼乎?

李东阳回答道:

嫂溺叔援,权也。

皇帝又说:

螃蟹浑身甲胄。

李东阳对道:

蜘蛛满腹经纶。

杨慎,生于明朝弘治年间,与解缙、徐渭并称"明朝三大才子",《三国演义》开篇那首《临江仙》即为他所作。杨慎自幼聪慧过人,11岁能作诗,令人惊叹不已。

杨慎画像

第二章

对联：对称和谐——汉字之妙

相传杨慎五六岁时在桂湖附近一个堰塘里游泳，县令路过，他居然不回避。县令命人把他的衣服挂在一个古树上，并告诉杨慎："本县令出副对子，如果你能对得出，饶你不敬之罪！"

县令出的上联是：

> 千年古树为衣架。

杨慎一听，即刻对出下联：

> 万里长江做澡盆。

县令叹服，赞杨慎为神童。

明朝天启年间，内阁首辅叶向高路过福州，留宿万历状元翁正春家中。两人谈得很投机，翁正春即兴出了一个上联：

> 宠宰宿寒家，穷窗寂寞。

叶向高见联中全是宝盖头的字，先是一惊，接着和道：

> 客官寓宫宦，富室宽容。

第二天，翁正春送叶向高上路，经过一片池塘，池塘里有几只鸭子正在戏水。叶向高一看，就说：翁公昨夜讲穷窗寂寞，我看未必，你看：

> 七鸭浮塘，数数数三双一只。

翁正春没料到被将了一军，巡视池塘，眉头一皱，当即应道：

> 尺鱼跃水，量量量九寸十分。

说完，二人相视大笑。

明朝常州府有个姓吴的同知。他有个朋友姓董，当通判。有一天，二人到无锡去玩，玩累了，进了一家酒店，要了白酒和红酒，还有好些菜，就你一杯我一杯地喝开了。末了，二人都喝得晕晕乎乎的。就这么着，这两位还对对联玩哪。吴同知的上联是：

> 红白相兼，醉后不知南北。

这上联是说，咱俩又喝红酒又喝白酒。这会儿喝多了，连方向也分不清了。董通判对的是：

青黄不接，贫来卖了东西。

下联拿颜色"青""黄"对上联的"红""白"，拿方位"东""西"对上联的"南""北"，对得还真工整。下联的"东西"不光指方向，还指家里的各种用品、摆设什么的。董通判的意思是说，往后喝得没钱了，就卖家里的东西，咱们接着喝！董通判说完，二人哈哈大笑。真是一对酒鬼！

清朝时期，浙江有师生二人一块到省城去考举人。来到一个叫武林关的关卡的时候，天黑下来，关卡的大门紧紧地关上了。老师看着高高的关卡大门，叹了口气说：

开关迟，关关早，阻过客过关。

这个上联挺有意思：中间的"关关早"是两个"关"字连着用。第一个"关"是动词，当"关上"讲；第二个"关"是名词，当"关卡的大门"讲。后边的"阻过客过关"，也连用了两个"过"字。跟前边的"关关"相反，第一个"过"跟"客"合到一块，是名词，当"过路的客人"讲；第二个"过"是动词，当"通过"讲。老师在这儿用了同字同音异义，说了这么一句话。学生一听，老师这是发牢骚，还是考我呢？要对上下联，真够难的。学生想了半天，也想不出来，心想：这真是出对子容易，对对子难呀！

想到这儿，学生猛然灵机一动，想出了个下联：

出对易，对对难，请先生先对。

下联不但对得工整，而且中间"对对难"的"对对"两字连用，后边"请先生先对"的两个"先"字连用，用法跟上联完全一样，对得真绝。老师一听学生对得这么巧，刚才的烦闷也没影了，连连夸奖他。末了，老师没考上举人，他的这个聪明学生倒考上了。

第二章

对联：对称和谐——汉字之妙

清人庄有恭，小时候爱放风筝。一日，他和几个小伙伴一起放风筝，风筝落进了某将军府的花园里。大家都没了主意，怕惹出是非。庄有恭一言不发，只见他只身一人向将军府走去，准备进去寻找风筝。说来也巧，将军府的门房竟未拦他。庄有恭进到园中，将军正与客人下棋。将军抬头一看，原来是来园中捡风筝的，仔细一看，小孩神气非凡。将军有心考他，提出和他对对联，庄有恭欣然同意。将军边捻胡须，边指厅堂上挂的画吟道：

旧画一堂，龙不吟虎不啸，花不闻香鸟不叫，见此小子可笑可笑。

庄有恭低头略思片刻，猛抬头，眼神烁烁，手指棋盘，朗朗高吟：

残棋半局，车无轮马无鞍，炮无烟火卒无粮，喝声将军提防提防。

将军、客人一听，相对大笑。从此，庄有恭"神童"之名远近传扬。

纪晓岚幼时聪敏过人，过目不忘，有"小神童"之美誉。其师石先生特别喜欢他。只因功课对纪晓岚毫无压力，他便偷闲养家雀。为了不让石先生发现，他将家雀塞进墙洞里，再用砖头把洞堵上。石先生发现这个秘密，怪其不务正业，便偷偷将家雀摔死又放入洞中，然后在堵洞口的砖上戏题一上联：

细羽家禽砖后死。

纪晓岚下课又去喂家雀，见砖上的上联言明家雀已死，知是石先生所为，便在旁边续对下联：

粗毛野兽石先生。

石先生看到续联大为恼火，手持教鞭责问纪晓岚，为何辱骂先生？纪晓岚不慌不忙答辩说："我是按先生的上联续对的下联。请看，粗对细，毛对羽，野对家，兽对禽，石对砖，先对后，生对死。是不是这样对，请先生指教。"石先生无言对答，拂袖而去。

一日，纪晓岚和小伙伴们在街上玩球。恰好府官乘轿经过。一不小心，球被掷进轿内。孩子们面面相觑，不知如何是好。纪晓岚壮起胆子上前讨球。府官戏弄地出了个上联：

童子六七人,惟汝狡。

让纪晓岚对下联。对得出,就还球给他。纪晓岚一寻思:

太守二千石,独公……

府官问:"怎么不说完?"纪晓岚答道:"你要是还我球,就是独公廉,不然就是独公贪。"府官一愣,只得把球还给了纪晓岚。小伙伴们都从心里佩服他。

行书扇面(纪晓岚)

纪晓岚是河北人。有一次,他到南方的杭州去办事。杭州的一个朋友准备了好酒好菜来招待他。吃饱喝足了,二人坐着闲聊。朋友对纪晓岚说:"你们北方人是不是不太会对对联?头年我到北京去,给北方朋友出了个上联,可他们听了,一个个光摇手,不言声。"上联是:

双塔隐隐,七层四面八方。

纪晓岚听了,哈哈大笑,说:"其实,他们摇晃手就是回答你了。"看这位朋友还不大明白,纪晓岚也伸出一个巴掌,接着说出了这个"哑谜"下联:

孤掌摇摇,五指三长两短。

孤掌就是一个手巴掌,五个手指有三个长的——食指、中指、无名指,两个短的——大拇指和小拇指,这就叫"五指三长两短"。下联的"三长两短"

第二章
对联：对称和谐——汉字之妙

跟上联的"四面八方"还都是带数字的成语，对得挺巧。那个朋友这才明白了摇手的意思。

书法（纪晓岚）

从前有一个穷书生，好打抱不平，为此被富绅诬陷。公堂审案，县官知道他的为人，想找个理由将其释放，便说道："我出一联，你能对上则免罪，不能则严办。"这个上联是：

云锁高山，哪个尖峰得出？

书生见壁洞透进阳光，对道：

日穿漏壁，这条光棍难拿！

惺惺相惜，结果不言而喻。

从前有一神童，智慧过人，9岁时就去参加乡试。由于场外人多拥挤，遂由他的父亲背进考场。考官见状，大为惊诧，出一联面试：

子以父为马。

神童立答：

父望子成龙。

考官见他对得如此工整，颇为意外，于是继续问：

    猴子三朝，焉能攀树。

神童对答：

    火星一点，岂怕丛林？

考官惊其才华，又出一联：

    王不出头谁是主？

神童回答：

    鸟添一口便为鸣。

  考官见难不倒他，便将一蚂蚁捉在手中，问道："你说我手中之物，是活的还是死的？"神童也很机智，双足欲跨门槛道："你看我脚上之鞋，要出去还是进来？"考官见其聪明过人，便将其录取。

  据传，清末孙中山留学归国，途经武昌时，听说张之洞办洋务兴实业，打算与他见一面，便投名刺曰："学者孙文求见之洞兄。"张之洞见用这种口气同他说话，便在纸条上写出一联，让门官交孙中山。联曰：

    持三字帖，见一品官，儒生妄敢称兄弟。

孙中山旋即写出下联传进去：

    行千里路，读万卷书，布衣亦可傲王侯。

  张之洞见了，暗暗称奇，立即下令开中门迎接。

  张之洞在上联中摆官架子，孙中山的下联则以"粪土当年万户侯"的气概予以折服。两人之联皆各切身份。

孙中山手迹

第二章

对联：对称和谐——汉字之妙

新中国成立前，广州惠爱路（今中山路）的"好奇香"茶楼门口悬挂着一条向顾客求对的上联：

为名忙，为利忙，忙里偷闲，饮杯茶去。

茶楼老板以此招徕顾客，为饮茶平添雅兴。一天来了一位茶客，看到上联后，凝视不语。老板忙将顾客让上茶座，斟上了一杯香茶，但看客人仪表有欠风雅，即以语含讥讽的口吻道："先生如有意，何不挥毫赐教？"见那客人把茶一饮而尽说："老板，有笔墨何不拿来一用。"说话间，笔墨送到，客人提笔立就下联：

劳心苦，劳力苦，苦中寻乐，拿壶酒来。

老板看后，连连伸出大拇指，赞赏不已。于是这副主客妙对随之传为佳话。

郭沫若幼年在私塾读书。有一次和同学们偷吃了庙里的桃子，和尚找先生告状，先生追责学生，没人承认。先生说，我出个上联，谁能对上免罚。先生说：

昨日偷桃钻狗洞，不知是谁？

郭沫若思索了片刻，对道：

他年攀桂步蟾宫，必定有我。

先生惊其才华，极为高兴，全体学生都免予处罚。

1953年，钱三强率科学考察团出访，团员有华罗庚、张钰哲、赵九章、吕叔湘等人。途中闲暇无事，少不得谈今论古。这时华罗庚即景生情，得出上联一则：

三强韩魏赵。

这个上联很有意思。"三强"说的是战国时期韩、魏、赵三个强国，却又隐喻代表团团长钱三强的名字，这就不仅要解决数字联中难对的困难，而且要在下联中嵌入一位科学家的名字。因此，华罗庚上联一出，诸人大费踌躇。隔了一阵，只见华罗庚不慌不忙地吟出了下联：

九章勾股弦。

这里"九章"指的是我国古代著名的数学著作《九章算术》,这本书首次记载了我国数学家所发现的勾股定理。同时,"九章"又是物理学家赵九章的名字。对得如此之妙,使满座为之倾倒!

第二章
对联：对称和谐——汉字之妙

二、讽刺篇

所谓"嬉笑怒骂皆成文章"。由于其精练的文字和对比的特色，对联亦常被用来作为讽刺幽默的一种表现手法，在嬉笑怒骂中展现出中国文化的特有韵味。

一次，苏东坡游完莫干山，来到山腰处的一座道观。道士见来人穿着格外简朴，冷冷地应酬道："坐！"对小童吩咐道："茶！"苏东坡落座，喝茶。他随便和道士谈了几句，道士见来人出语不凡，马上请苏东坡入大殿，摆下椅子说："请坐！"又吩咐小童："敬茶！"苏东坡继续和道士攀谈，妙语连珠，道士连连称是。道士不禁问起苏东坡的名字来，苏东坡自谦道："小官乃杭州通判苏子瞻。"道士连忙起身，请苏东坡进入一间静雅的客厅，恭敬地说："请上座！"又吩咐随身道童："敬香茶！"苏东坡见道士十分势利，坐了一会儿就告辞了。道士见挽留不住，就请苏东坡题字留念。苏东坡于是写下了一副对联：

坐，请坐，请上座；
茶，敬茶，敬香茶。

联语即席出之,不加雕琢,充满机智,巧借对方现身说法,还治其人之身,刻画出道人的一副势利嘴脸,新颖别致,诙谐幽默。从此,这副对联成为讥讽势利小人,痛砭世俗流弊的妙对趣联,不胫而走,广为流传。

《〈吏部陈公诗〉跋》(苏东坡)

明朝解缙是神童,年纪不大,名声可是不小。某次遇到一位高官,高官想:解缙小小年纪名声这么大,到底能有多大的能耐?他十分不服气,于是故意刁难解缙,出了个上联:

墙上芦苇,头重脚轻根底浅。

此联表面上是描述芦苇的生长状态,实际上借双关来教训解缙小小年纪不要太轻狂,须知山外有山、人外有人。想那解缙可不是等闲之辈,立马就对了下联:

山间竹笋,嘴尖皮厚腹中空。

下联意思说别看你胡子一把年纪不小,也没什么真本事。把这位老先生噎得说不出话来。这副具有形象的描述和寓意深刻的双关的对联使人百读不厌。

《笑笑录》记载,明朝才子唐伯虎为一商人写了一副对联:

第二章
对联：对称和谐——汉字之妙

生意如春意，

财源似水源。

这商人嫌该联表达的意思还不明显，不太满意。唐伯虎给他另写了一副：

门前生意，好似夏月蚊虫，队进队出；

柜里铜钱，要像冬天虱子，越捉越多。

商人见了之后，大喜而去。

蚊子、虱子，皆为嗜血动物，人人见而厌之。以此比喻生意和铜钱，形象不言而喻。此商人居然"大喜"，足见其无知与浅薄，联趣正在这里。此联除用比喻外，还用了重言（队、越）。

据传，明朝艾自修科举考试名列榜末，旧称背虎榜。张居正嘲笑他说：

艾自修，自修勿修，白面书生背虎榜。

艾自修当时未对出。张居正当上宰相后，相传与皇后有暧昧关系，艾自修抓住这一点。遂得出了下联：

张居正，居正勿正，黑心宰相卧龙床。

联语对得很工整。两联先用嵌名，然后运用联珠（"自修、自修"与"居正、居正"）、重言（修、正）。

明朝末年，史可法坚守扬州，城破之后不屈而死。又有崇祯时期的兵部尚书洪承畴，变节投清，朝野不齿。于是就有人写了这么一副对联，嵌史可法与洪承畴之名：

《梅花》（唐伯虎）

    史鉴流传真可法，

    洪恩未报反成仇。

此联后被扩展成为：

    史笔流芳，虽未成功终可法；

    洪恩浩荡，不能报国反成仇。

联语虽有扩有改，基本意思和手法未变。

  洪承畴在明朝为官之时，很受崇祯皇帝的信任与重用。他因此在自家宅第上写了一副门联，表示对崇祯皇帝的忠心：

    君恩深似海，

    臣节重如山。

  然而松山一战，洪承畴战败，变节降清，于是就有人在联后各添一字对他加以讽刺：

    君恩深似海矣，

    臣节重如山乎？

  后来，洪承畴回到南安故居，一日与一位族人晚辈对弈，触景生情，说道：

    一局如棋，今日几乎忘谷雨。

  那位晚辈对洪承畴的人品也颇有看法，应答道：

    两朝领袖，他年何以别清明？

  从表面上看，"谷雨""清明"都是二十四节气之一，然而"清明"却又隐喻着明朝与清朝，恰恰讽刺了洪承畴变节投敌的行为。

  乾隆年间，有一年工部（六部之一，又称水部）发生火灾，皇上命总管内务府大臣（一部分只能为营造修缮，类似于古时的大司空官职）金简召集民工重建，当时就有人出了一句上联欲求应对：

    水部火灾，金司空大兴土木。

第二章
对联：对称和谐——汉字之妙

因上联中包含了"金、木、水、火、土"五字，对起来颇费周折。当时有位中书舍人前去请教纪晓岚，纪晓岚笑道："只要您不忌讳，我马上就能作答。"中书舍人连说无妨，纪晓岚于是对出下联：

南人北相，中书君什么东西！

宋湘是清代乾嘉年间广东嘉应州（今梅县）的著名才子。有关他文才敏捷的故事很多，其中就有他巧对对联作弄名流的故事。

宋湘幼时家贫，曾替人看牛，后来中了进士，但当时一些名流因他出身贫贱看不起他。在某次文酒会中，有人就特地出了一联为难他：

北雁南飞，遍地凤凰难下足。

此联将他比作"北雁"，将在座名流比作"凤凰"，骂他不自量力，不配和这些名流在一起。

凤凰图　　　　　　　　　　大雁图

宋湘看了，不露声色，随手取一纸片，写后搓成一团，以茶碟覆盖，不辞而别。众人以为他对不通，恼羞成怒，纷纷笑他徒有虚名。有一人说，且看他写什么，于是揭开茶碟，众人低头铺平纸团，只见纸片上写的是：

东龙西跃，满江鱼鳖尽低头！

这下联将宋湘自己比作蛟龙，而将满座名流比作看到蛟龙就低头的"鱼鳖"。

晚清四大中兴名臣之中，左宗棠对曾国藩很有意见，常常故意和他作对。

曾国藩烦不胜烦,一日对左宗棠说,我有一个上联,请你对出下联。这上联是:

  季子有何高,与余意见竟相左?

这是个嵌名联,左宗棠字季高。这上联的意思是,你左宗棠有什么本事,故意事事与我作对?

左宗棠略一思索,便对出下联,予以回骂:

  藩臣徒误国,问尔经济有何曾?

这下联也嵌入了曾国藩的名字,说你曾国藩只能误国,做出过什么经邦济世的事业?

清末常熟人翁同龢,曾任户部尚书(相当于古代大司农之职),在任期间与合肥人李鸿章不和。李鸿章在八国联军侵占北京后被任为全权大臣(相当于过去的宰相)。

一次,翁同龢出联讥讽李鸿章:

  宰相合肥天下瘦。

李鸿章反唇相讥:

  司农常熟世间荒!

李鸿章与张之洞的关系一直都不怎么好。八国联军侵占北京后,张之洞、刘坤一联合起来与各国政府周旋,签订东南之约,而留在京师的李鸿章却只能和联军总帅德将瓦德西谈判,而且还毫无结果。张之洞就此写信讥笑李鸿章。李鸿章对张之洞的行为大为不满。张之洞号香涛,因此李鸿章说:

  香涛做官数十年,犹是书生之见也。

意思是说张之洞不识大局。

张之洞听说后,怒道:

  少荃议和两三次,乃以前辈自居乎?

少荃为李鸿章的号。当时人们认为这真是一副天然对联。

第二章
对联：对称和谐——汉字之妙

张爱玲的祖父张佩纶，字幼樵。他因马江海战大败而被发配边疆，后来被李鸿章招为西席（幕僚），当时已经年过不惑。李鸿章让他为自己年近三十尚未出阁的女儿挑选女婿。张佩纶问："要怎样的才学才配得上小姐？"李鸿章回答说："和你差不多就成了。"张佩纶立刻跪在地上说："学生我刚刚死去了妻子，而您的女儿又和我是文学上的知己，所以我斗胆要求高攀做您的女婿。"李鸿章只好答应。

李鸿章像

此事一出，舆论哗然。于是就有人写了一副讽刺联：

养老女，嫁幼樵，李鸿章未分老幼；
辞西席，就东床，张佩纶不是东西。

清朝有一官吏，好贪而且是酷吏。有一年过年，他为了表明自己是一位正直无私的父母官，自拟了一副对联，贴于门口：

爱民若子，

执法如山。

谁知，有人看了之后，心中气愤，夜里拿笔在对联每句下面各添了一行字，变为下面的对联：

爱民若子，金子银子皆吾子也；

执法如山，钱山靠山为其山乎？

这一改动，辛辣地讽刺了这位官吏的贪赃枉法。

1894年,中日甲午战争爆发。同年11月,日军侵占大连。败讯传来,正值慈禧太后六十大寿,有人愤然书联于北京墙头:

万寿无疆,普天同庆;

三军败绩,割地求和。

慈禧垂帘听政二十余年,丧权辱国,却被尊为"慈禧端佑康颐昭豫庄诚寿恭钦献崇熙"皇太后。对此,有人写对联嘲讽道:

垂帘廿余年,年年割地;

尊号十六字,字字欺天。

八国联军侵华后,腐败的清政府不得不向洋人低头,有些假洋鬼子则以耻为荣。有一次,一个洋行买办竟肉麻地出一联吹拍洋大人的无上权威:

琵琶琴瑟八大王,王王在上。

他出此联征对,满以为会招来其他人的附和,不料座中有一人愤然起对道:

魑魅魍魉四小鬼,鬼鬼犯边。

此联对得义正词严,掷地有声,道出了中国人民的民族义愤,使那个假洋鬼子愕然失色。

章太炎画像

慈禧七十大寿时,国学大师章太炎作一联云:

今日到南苑,明日到北海,何日再到古长安?

叹黎民膏血全枯,只为一人歌庆有;

五十割琉球,六十割台湾,而今又割东三省,

痛赤县邦圻益蹙,每逢万寿祝疆无。

"南苑""北海"都是清朝的皇家园地。上联前两语揭露了慈禧只顾游乐的腐化生活。"古长安"

· 44 ·

第二章
对联：对称和谐——汉字之妙

即今西安市，1900年八国联军攻陷北京，慈禧狼狈地逃到西安避难，第三语是对此事的尖锐讽刺。最后两语指出，当局用尽老百姓的膏血来搞祝寿活动。

下联述说了慈禧五六十岁时，将琉球群岛和台湾割给日本，现在又将东北三省拱手相送（当时，日、俄帝国主义为争夺我国东北三省的控制权而开战，清政府却表示"中立"，听之任之）的事实。中国在古代称为"赤县"，"邦圻益蹙"意即国土日益减少，"疆无"意即疆土丧失。

清代，有某知府老爷骄下谀上，见钱眼开。人们为他写了一联：

  见州县则吐气，见藩臬则低眉，见督抚大人茶话须臾，只解得说几个"是！是！是！"

  有差役为爪牙，有书吏为羽翼，有地方绅董袖金贿赠，不觉得笑一声"呵！呵！呵！"

州县，就是州官县官，都是知府下属，遇见下属作吐气、扬眉、傲慢之态。藩是藩台，明清时对布政使的俗称，主管一省钱粮、人事。臬是臬台，明清时对按察使的俗称，主管一省司法。督抚则是总督与巡抚，是明清时最高的地方行政长官。联中"是！是！是！"表示俯首听命，"呵！呵！呵！"表现得意神情，都是绘态之词。此联的口语化和谐谑意味刻画了封建官僚的丑态，惟妙惟肖。

到了民国初年，一般官吏对上司仍尊称"大人"而自称"卑职"。有的在上司面前自贱，一副奴才嘴脸。有人据此又拟如下一联：

  大人、大人、大大人，高升，升到卅六重天宫，与玉皇大帝盖瓦；
  卑职、卑职、卑卑职，该死，死入十八层地狱，替阎王老子挖煤。

此联把一些人捧上抑己、吹牛拍马的丑恶形象写得入木三分。联文用第一人称，使人如耳闻目睹现场表演一般。此对联除它所具有的幽默、工巧特点外，在上下联内善用叠字照应，使联文读来顺口，更显活泼。

汉字文化的魅力

袁世凯死了以后，北洋军阀控制下的北京政府，大总统换了一个又一个。黎元洪、冯国璋、徐世昌、曹锟，还有没当上总统却握有实权的段祺瑞、张作霖、吴佩孚等，就跟走马灯似的，轮换掌权，争权夺势，连年混战，遭殃倒霉的还是老百姓。每换一次总统，还要下令让全国各地挂旗子来庆祝。有人气愤地写了一副对联，斥骂那些祸国殃民的"大总统"们：

民犹此也，国犹此也，何分南北；

总而言之，统而言之，不是东西！

这是个嵌字联，上下联里嵌上了"民国总统不是东西"八个字。对联是说，不管南方还是北方，老百姓还是这样痛苦，国家还是这样混乱。你们这些作威作福的民国"大总统"们，不管换多少个——没一个是好东西！

袁世凯称帝没多久，就在全国人民的唾骂声中死去了。四川有人给他写了一副"挽联"，实际上是在嘲讽他：

袁世凯千古，

中国人民万岁！

人们看了以后，都挺奇怪，问他："上联的'袁世凯'是三个字，怎么能对'中国人民'四个字呢？上下联对不上啊！"写"挽联"的人笑了："袁世凯本来就对不起中国人民嘛！"

国民党统治时期，苛捐杂税多如牛毛。有人特意编了这样一副对联：

尽敲诈，假充公用，遍设关税、卡税、田税、屋税、丁头税，税到民不聊生——将腹税；

竭搜罗，大饱私囊，勤抽盐捐、米捐、猪捐、柴捐、屎尿捐，捐得人无活计——把躯捐！

对联讽刺国民党政府使劲搜刮民脂民膏，五花八门的苛捐杂税逼得老百姓简直没活路了，就剩下把空肚皮和瘦身子也当成税款捐出去了！可反动政府却

第二章
对联：对称和谐——汉字之妙

在报纸上、广播里大喊什么"民国万岁""天下太平"。成都文人刘师亮十分气愤，就拿这两句口号，利用谐音编了一副对联：

> 民国万税（岁），
>
> 天下太贫（平）！

汪精卫在武汉国民政府期间，口头高喊革命，办事却大耍官僚派头，讲排场，图享受。一次，他到郑州开会，冯玉祥对他的这一做法极为反感，便写了一副对联送给了汪精卫：

> 一桌子点心，半桌子水果，那知民间疾苦；
>
> 两点钟开会，四点钟到齐，岂是革命精神？

辛辣地讽刺了汪精卫等人装腔作势的官僚做派。

蒋介石，字中正。他竞选总统时，同盟会元老续范亭戏作一联：

> 井底孤蛙，小天小地，自高自大；
>
> 厕中怪石，不中不正，又臭又硬。

此联把蒋介石的丑态勾画得惟妙惟肖，人们无不拍手称快。

三、修辞篇

对联形式颇多,机关复杂。有顶真对、回文对、谐音对、叠字对、无情对、拆合对等多种样式,各有其精妙所在。诸多形式、机关皆立足于汉字文化的多姿多彩的基础上,是典型的文字游戏。

居住于金山寺的北宋僧人佛印,一次与苏东坡同游巫山。佛印即兴出一联:

无山得似巫山好。

苏东坡对道:

何水能如河水清。

上联"无"与"巫",下联"何"与"河",均同音自对,又同结构互对;此外,下联还以"水"对上联的"山",两联构思巧妙。

苏东坡与佛印感情非常好,经常一起出游,相互戏谑。一天,两人出游,苏东坡见一只狗在河边啃肉骨头,

《墨狗》(齐白石)

第二章

对联：对称和谐——汉字之妙

便出联相谑：

狗啃河上（和尚）骨。

佛印从容不迫，把写有苏东坡诗句的扇子往河里一扔，对上下句：

水流东坡诗（尸）。

两人对视，哈哈大笑。

从前有一个解元（科举制度中，乡试第一名为解元），姓解，一日外出，又热又渴，回到家里，侍女忙端来一杯香茶，并风趣地说出一联：

一杯香茶，解解解解元之渴。

解元一听，竟忘了口渴，连连说道："妙对！妙对！"前两个"解"字是解渴之"解"；第三个"解"字是姓；第四个"解"字则是解元之"解"。解学士忙向诸生求对，却一时竟无人能对出。于是"绝对"之名遂传遍京城。

无独有偶，京城里有一个姓乐的乐师，一天从外边回来，不见妻子，只闻清唱之声。就唤妻子到跟前，他说："家事不理，唱什么？"妻子一看丈夫的脸上颇有不悦之色，于是就满面堆笑地说出一句话：

两曲清歌，乐乐乐乐师的心。

乐师一听，不快之情顿消，并连声赞道："妙对！这不刚好对上了那个解元的侍女的上联吗？"

这下联前两个"乐"字是快乐之"乐"；第三个"乐"字是姓；第四个"乐"字则是乐师之"乐"。恰与上联相应对仗，妙趣横生。

明朝陈洽 8 岁时，一次和他父亲在江边散步。江中有两只船，一摇橹，一扬帆。后者速度快，很快超过前者。陈洽的父亲于是出一联让其子对：

两船并行，橹速（鲁肃）不如帆快（樊哙）。

刚好，这时远处一牧童弄笛，一人吹箫，陈洽立即以此为题，续了下联：

八音齐奏，笛清（狄青）难比箫和（萧何）。

两联均从写景开始，并用双关语手法，引出历史人物，对得妙趣横生。

明朝神童程敏政当了翰林以后，大学士李贤特别喜欢他，有心把他招为女婿。一天，李贤把程敏政请到家里，摆上了好酒好菜招待他。吃到半截儿，李贤指着桌上摆着的藕片儿问程敏政：

因荷（何）而得藕（偶）？

表面儿是在问他，是不是因为有了荷花才能得到藕呢？其实，话里有话。"荷"跟"何"一个音，"藕"跟"偶"一个音，李贤是在试探程敏政：你想靠什么娶个好妻子啊？

程敏政多机灵呀，一听就明白了。他早听说李贤的女儿是个有才有貌的好姑娘，就对答了一句：

有杏（幸）不须梅（媒）！

程敏政的下联字面儿上对的都是水果，意思是有了甜杏，就不用再找杨梅了。可实际上他利用"杏"和"幸"、"梅"跟"媒"这些同音字在说，我要是"有幸"让您看上了，打算招我做女婿，那就用不着再找人做媒，我乐意！

于是，就这样，李贤招了程敏政做女婿。

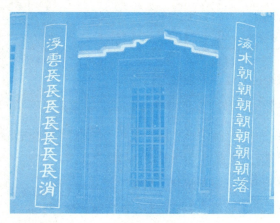

孟姜女庙的对联

山海关孟姜女庙有一联，同字谐音，饶有趣味：

海水朝朝朝朝朝朝落，
浮云长长长长长长消。

上联读音：海水潮，朝朝潮，朝潮朝落。

下联读音：浮云涨，长长涨，长涨长消。

第二章

对联：对称和谐——汉字之妙

浙江温州江心寺的寺院大门两边亦有一联，乃是南宋状元王十朋所写：

云朝朝朝朝朝朝朝散，

潮长长长长长长长消。

此处"朝"有两种读音两种意思。"朝"一种读音为"zhāo"，是"早晨"的意思；另一种读音为"cháo"，是"参见，会聚"的意思。"长"也有两种读音和含义。"长"一种读音为"cháng"，意思是"常常"；另一种读音为"zhǎng"，是"增长，生长"的意思。全联应该正确读为：

云，朝（zhāo）朝（cháo），朝（zhāo）朝（zhāo）朝（cháo），朝（zhāo）朝（cháo）朝（zhāo）散，

潮，长（cháng）长（zhǎng），长（cháng）长（cháng）长（zhǎng），长（cháng）长（zhǎng）长（cháng）消。

南京莫愁湖有一联，上联是：

山人为仙，谷人为俗，人居山谷，半仙半俗。

下联为：

良月则朗，日月则明，月当良日，又朗又明。

这是一副拆字联。"山人"组成"仙"字，"谷人"组成"俗"字，"良月"组成"朗"字，"日月"组成"明"字。组字合成，妙不可言，看来作者虽然佚名，但非等闲之辈。

清朝嘉庆年间，有个状元叫李绍仿。他中状元以后，正赶上嘉庆皇帝过生日。李绍仿写了一副嵌字联作为贺礼：

顺泰康宁雍然乾德嘉千古，

治平熙世正是隆恩庆万年。

此联别具一格。要是单看上、下联，字面儿上不过都是些吉祥话儿，算不上什么新鲜玩意儿，可上下两联合到一块就大有名堂了。两联上下正好嵌上了

"顺治""康熙""雍正""乾隆""嘉庆"——清五个皇帝的年号。贺联是在说,清王朝世世代代国泰民安、国运昌盛,清代帝王们可以名扬千古、流芳万年!李绍仿拍马屁的招数确实不凡,不愧为状元。

清代乾隆皇帝到江南巡游时,微服简行,并没有引起人们的注意。一次,他在某酒楼饮酒,席间听一姓倪的歌姬演唱,听得兴高采烈,便出一上联:

妙人儿(兒)倪氏少女。

这上联是用"妙"和"倪"两字拆拼组合而成的,下联也必须同此结构。陪同的大臣们无言以对,窘在一旁。那歌姬聪颖过人,她并不知出联者就是一国之主的乾隆皇帝,便走上前去应对道:

大言者诸(諸)葛一人。

下联同样以"大"和"诸"两字拆拼组合而成,对仗工巧,无懈可击,乾隆皇帝不禁拍案叫绝。

清朝李调元以善于作对联闻名。他至广东当学政,一秀才对他不服气,在他必经之路上,用三块石垒在一座桥上,以便作对考他。李调元坐轿经过,遇石阻路。秀才说:"听说相公善作对,小人有一联请对之。"这联是:

踢破磊桥三块石。

李调元想了许久,未对出,归家问妻子,妻子笑答:"这有何难?"说着对道:

剪开出字两重山。

"磊"桥踢破是三块石,"出"字剪开是两重山,本联以"磊"对"出",可算妙联。

清朝翰林刘尔炘,晚年居住在兰州名胜之地五泉山,号"五泉山人"。他善作对联,五泉山上的亭、馆、桥、阁的对联,不少是由他撰写的。有一友人出上联请对:

第二章
对联：对称和谐——汉字之妙

此木为柴山山出。

刘尔炘即为友人写出下联：

因火成烟夕夕多。

上联"此""木"加起来是"柴"，"山""山"相加成"出"，下联亦必须如此。刘尔炘的下联对得十分工巧："因""火"相加成"烟"，"夕""夕"相加成"多"。

宋朝时候，有人在翰林院的墙上写了这么一句上联：

李伯阳生指李木为姓，生而知之；

句中的"李伯阳"指的是老子。老子是春秋时期有名的思想家，姓李名耳，字伯阳。这上联出得挺妙，妙在几个地方。第一，前半句人名的姓"李"跟"李树"有关系；第二，"生"是"姓"的右半边；第三，下半句是个成语，还得用前半句的"生"字开头；最后，整句说的又是古人的一件事儿。对上这个上联，得符合这几条，够难！大家都对不上。

《老子出关图》（齐白石）

一天，诗人杨大年来到翰林院，看到这个上联，想了半天，对出了下联：

马文渊死以马革裹屍，死而后已。

"屍"是"尸"的繁体字。杨大年的下联说的也是一个古人。马文渊就是东汉伏波将军马援。马援曾豪迈地立下誓言："男子汉应当勇敢地死在战场上，用马皮裹着尸体回家乡！"后来，马援病死在军中，实现了自己的志愿。"死而后已"是个成语，意思是为完成一种责任而奋斗终生。这个成语用在马援身

上，特别合适。

明代文学家李梦阳，督学江西时，发现一青年与自己同名，于是出一联叫他对，对不出则受罚。此联是：

蔺相如，司马相如，名相如，实不相如。

青年人答道：

魏无忌，长孙无忌，尔无忌，我亦无忌。

上联蔺相如是战国时赵国的文臣，司马相如是西汉文学家。意为其同名异姓，实不能比，也就是说你不能和我相比。下联魏无忌是战国时魏国的信陵君，长孙无忌是唐初大臣。意为虽名同姓异，亦不必忌讳。双方都引用历史人物，字意双关，表意甚巧。

清代，北京城里有一家饭馆叫"天然居"，乾隆皇帝曾就此作过一副有名的回文联：

客上天然居，

居然天上客。

上联是说，客人上"天然居"饭馆去吃饭。下联是上联倒着念，意思是没想到居然像是天上的客人。

乾隆皇帝想出这副回文联后，心里挺得意。即把它当成一个上联，向大臣们征对下联，大臣们面面相觑，无人言声。只有大学士纪晓岚即席就北京城东的一座有名的大庙——大佛寺，想出了一副回文联：

人过大佛寺，

寺佛大过人。

上联是说，人们路过大佛寺这座庙。下联是说，庙里的佛像大极了，大得超过了人。这副回文联与乾隆皇帝的回文联放到一块儿，就组成一副构思巧妙的新回文联了：

第二章
对联：对称和谐——汉字之妙

客上天然居，居然天上客；

人过大佛寺，寺佛大过人。

清朝李调元，在京做官数年后，回乡探亲。入了四川后，不免沿途欣赏风光。一路行到川东，忽地一座高山在前，风景秀丽，李调元便带了数个随从登山游览。山上有一古庙，香火鼎盛，庙中住持更是仰慕李调元的文才，亲自替他焚香，又陪他四处游玩，更设置斋菜款待。李调元心知住持有所求，也不说破。饭后用茶时，住持说道："本庙上代有位长老，擅长丹青。一次，当他完成一幅出水荷花图时，刚好吴中才子唐伯虎路过，便请他题字。

山水画（唐伯虎）

唐伯虎提笔写下一个上联便收笔。长老问他为何，唐伯虎说道：'我只写下一上联，今后如果有谁能对出下联，他必定是当世奇才。'此联至今无人能对，大人可否续对？"李调元大奇，叫住持立即拿画一看。果然是好画，但字更好，龙飞凤舞地写着：

画上荷花和尚画。

李调元一看，知是谐音回文联，果然难对。沉思一会儿，说道：有了，便提笔写下：

　　　　　书临汉帖翰林书。

住持大喜,连赞奇才。

　　河南省境内有一座山名叫鸡公山,山中有"斗鸡山"和"龙隐岩"两处景观。有人就此作了一副回文联:

　　　　　斗鸡山上山鸡斗,
　　　　　龙隐岩中岩隐龙。

厦门鼓浪屿鱼脯浦,因地处海中,岛上重峦叠嶂,烟雾缭绕,海淼淼水茫茫,远接云天。于是,一副饶有趣味的回文联便应运而生:

　　　　　雾锁山头山锁雾,
　　　　　天连水尾水连天。

还有一副回文联,上联为:

　　　　　香山碧云寺云碧山香。

说的是香山、碧云寺,山因寺而雄奇,寺因山而幽静。

下联对:

　　　　　黄山落叶松叶落山黄。

绝妙而生动地赞美了黄山天下秀,松树天下奇的景色。

　　在北京老舍茶馆有一副回文联,上联为:

　　　　　满座老舍客。

下联是:

　　　　　客舍老座满。

此联巧妙地将"老舍"之名嵌入联中,正读倒念文雅通畅,构思奇妙。既用来招揽生意,又自然地反映出老舍茶馆宾朋满座的热烈场面,令人拍手叫绝。

第二章
对联：对称和谐——汉字之妙

明朝时候，南京金水河是人们游玩的好地方。一日文人胡子祺带着六七岁的解缙来这儿游玩。胡子祺知道解缙聪明伶俐，就让他对对联。胡子祺出了这么一个上联：

金水河边金线柳，金线柳穿金鱼口。

意思是说，金水河两岸刚长出黄色嫩芽的柳条，就跟金线似的低垂着，有人在河里钓到了金鱼，就用柳条穿上金鱼的嘴提溜着。这个上联是个"顶真联"，就是前半句的末尾一个词——"金线柳"，又是后半句的头一个词。同时这还是复字对，一共用了四个"金"字。

解缙是怎么对的呢？他看着游人里有好些打扮得花枝招展的妇女，就对了个下句：

玉栏杆外玉簪花，玉簪花插玉人头。

簪，是古代人用来别住头发的。有银的、铜的、骨头的，还有玉的，簪子的一头常常雕刻着一些花鸟。"玉人"，指打扮得漂漂亮亮的妇女。解缙的下联也是顶真对，前半句末尾的"玉簪花"，正好是后半句的开头。同时，也是复字对，连着用了四个"玉"字，跟上联的四个"金"字对应，对得又准又好，意思也不错。真不简单。

簪子

相传，"无情对"为清代张之洞所创。这种对联形式，上联和下联各自成章，通过别解才能上下呼应。张之洞很喜欢这种对联形式，经常用它来和文人墨客们唱和。

行书扇面（张之洞）

一天，张之洞和幕僚们在陶然亭会饮，当时就有人出了一个上联：

树已半寻休纵斧。

这上联本来出自一首诗，要对上很容易，但要用"无情对"来对，就很考验功力了。

张之洞对出的下联是：

果然一点不相干。

另一名幕僚对出的下联则是：

萧何三策定安刘。

上下联中，"树""果""萧"皆草木类，"已""然""何"皆虚字，"半""一""三"皆数字，"寻""点""策"皆转义为动词，"休""不""定"皆虚字，"纵""相""安"皆虚字，"斧""干""刘"则为古代兵器。

南京燕子矶武庙，由于无人照看，到了清末仅剩下一个勒马横刀的泥像。有个文人看见之后出了一个上联：

孤山独庙，一将军横刀匹马。

未得下联。后来有一赶考书生系船于江边时见两渔翁对钓，于是对出下联：

两岸夹河，二渔叟对钓双钩。

第二章

对联：对称和谐——汉字之妙

联语之巧在于用数。上联之数全为一，而用"孤""独""横""匹"变言之，下联之数全为二，而用"两""夹""对""双"变言之，使人不觉得有雷同之感。

清朝末年，四川省某地新建一孔明、赵云合庙，有人为庙门写了上联：

收二川，排八阵。七擒孟获，六出祁山。五丈原中，四十九盏明灯，一心只为酬三顾。

此联用十个数字，概括了诸葛亮一生的功德。因为它句句用数字，而且又得围绕一个人的业绩来表述，实在难对。贴出后无人对出，几乎成了绝对。

据说有一个广州老僧人路过此庙时，经过一番苦思，仍不能对。最后他要求将上联中"七擒孟获，六出祁山"改为"七擒六纵"一句后，便对出了如下表达赵云功德的下联：

抢孤子，出重围。匹马单枪，长坂坡边，数千百员上将，独我犹能保两全。

这位老僧人遣词的确不同凡响，他同样用单、两、百、千等数词，加上有数字意义的孤、重、匹、独等，巧妙地写出了赵云的业绩，可与上联巧对无疑。

《中国古今巧对妙联大观》载有一联：

玉澜堂，玉兰蕾茂方逾栏，欲拦余览；

清宴舫，清艳荷香引轻燕，情湮晴烟。

此联以妙用音同或音近的字取胜。将此联反复快读，即成绕口。玉澜堂，在颐和园昆明湖畔，为当年光绪帝的寝宫。清宴舫，一名石舫，在颐和园万寿山西麓岸边，为园中著名的水上建筑。

四川省境内的三元塔位于四川省内江市塔山公园。因四川古为蜀地，后人便以三国名人借景抒情，成一著名的人名联：

身居宝塔，眼望孔明，怨江围（姜维）实难旅步（吕布）；

鸟处笼中，心思槽巢（曹操），恨关羽不得张飞。

曾有一联特别有名：

烟锁池塘柳，

茶烹鑿壁泉。

此为"五行"巧对，茶泉绝联。上联金、木、水、火、土五行居左为偏旁，写出了翠柳含烟，池塘生碧，空濛缥缈，清丽风雅的景致。下联充溢茶香泉味，同样意境佳美：凿壁得泉，泉从石出水必佳，清冽甘活最宜茶。精茗蕴香，汲泉烹茶，评水品茗，清雅风丽，铢两悉称。下联用倒装句，五行变换位置居字脚（"鑿"现已简化为"凿"），更见巧思，珠联璧合，浑然天成，甚得妙趣。上联为明代陈子升撰，用字出奇，难有佳作应对，历经300多年，直到20世纪60年代才对出此联，传为茶联佳话趣事。

还有下联，如："桃熛锦浪堤""灯深村寺钟""湖增锦榭灯"等，均意境韵味甚佳，但不是茶联。

《陆羽烹茶图》（元 赵原）

第二章
对联：对称和谐——汉字之妙

四、趣联名联篇

对联在中国历史悠久，精彩迭出，出现了许多脍炙人口的名联、佳联、趣联。人们借用对联这种文学形式，不仅表现出自己的思想、才学，同时在文字游戏中爽心怡神，给后人留下无数逸闻趣事。

据传，朱元璋一日微服出游，见一户人家门上贴着这么一副对联：

惊天动地门户，

数一数二人家。

朱元璋看后大吃一惊，心想自己身为皇帝，亦不敢口气如此猖狂，于是上前询问，这才知道原来这户人家有个儿子在宫中当侍卫，专门负责用板子打官员屁股。由于他打人的声音连皇帝都听得见，所以是"惊天动地门户"，而打人时又需要数数，所以是"数一数二人家"。朱元璋听了之后，大笑而去。

传说当初黄庭坚做媒，告诉秦少游苏家准备把苏小妹嫁给他为妻时，秦少游虽然当即应允，但想到传说中的苏小妹凸额凹睛，他对自己未来妻子的容貌着实放心不下。由于理学盛行，强调男女授受不亲，秦少游从来没有看见过苏

小妹，订婚之后更是不可能再见，又不好向别人打听，这一块心病着实越来越重。那天得知苏小妹要入庙进香还愿，秦少游计上心来，决定一睹苏小妹芳容，他把自己打扮成一名化缘道人，先在庙门前等着。

苏小妹的轿子一到，秦少游就上前去求道：

　　　　小姐有福有寿，愿发慈悲！

苏小妹在轿子里立即拒绝：

　　　　道人何德何能，敢求布施？

秦少游要的就是苏小妹的搭腔，立即说道：

　　　　愿小姐身如药树，百病不生！

苏小妹就是好斗，不甘示弱，跟着说：

　　　　随道人口吐莲花，分文无舍。

苏小妹边答边想，听这道人的口音甚是悦耳动听，年龄一定不大，就不知长得如何，从他化缘的语言看也颇多才思。苏小妹好奇心一起就忍不住掀开轿帘要看个究竟。秦少游要的就是苏小妹露出脸孔，如何肯放过这千载难逢的时机，赶紧走上一步。两人对视，苏小妹觉得这人就是秦少游，香也不愿进了，示意丫鬟转身就走。秦少游追着说：

　　　　小娘子一天欢喜，为何撒手宝山？

苏小妹心中烦恼，愤愤地答道：

　　　　疯道人恁地贪痴，哪得随身金穴。

轿子一阵风似的回去了。秦少游终于见到苏小妹，觉得她不仅不丑，还气质高华，清奇逼人，好不高兴。

但苏小妹心中却不服气，新婚之夜安排了三个题目，要新郎官解开了题目才能进洞房。其中一道题目是一个上联：

　　　　双手推开窗前月，月明星稀，今夜断然不雨。

"今夜断然不雨"，表面是接月明星稀而来，但实际隐含了"云雨交欢"的意思，还有"雨"与"语"谐音，也就有今夜不和你说话的意思。苏东坡看

第二章

对联：对称和谐——汉字之妙

懂了里面的意思，指着"雨"字在旁边暗暗发笑，又指了指花园中的水井，做了个投掷的动作。秦少游心领神会，立马回答：

一石击破水中天，天高气爽，明朝一定成霜。

苏小妹三难新郎

纸条一递进去，房门打开，苏小妹含羞带笑站在门边，秦少游欣然入内。可惜天妒其缘，婚后只有几年，苏小妹就撒手尘寰。当时秦少游在外做官，政治上失意，被贬在外，听到这一消息，悲痛地写下一首《千秋岁》：

水边沙外，城郭春寒退，花影乱，莺声碎。飘零疏酒盏，离别宽衣带。人不见，碧云暮合空相对。

忆昔西池会，鹓鹭同飞盖。携手处，今谁在？日边清梦断，镜里朱颜改。春去也，飞红万点愁如海。

从前，有一理发店开张，某名士为之写了一副妙趣横生、妙不可言的对联：

做天下头等事业，

用世间顶上工夫。

横批是:

进士弟。

这一联文,上下联"头""顶"二字,分别为一词两用的双关语;"头""顶"二字又各藏在句子中心,联起来就算标明了这家店是家理发店,可谓技巧之作。本联横批,乍看有些费解,实际上是减字画构成的谜字。据说正在观者感到费解时,有位聪明人便上前,在"士"与"弟"上各添两画,"进士弟"变成了"进去剃",观者这才恍然大悟。

石达开亦曾为一理发店写过对联:

磨砺以须,问天下头颅有几;
及锋而试,看老子手段如何!

读来气势磅礴,豪气冲天。

归庄,字玄恭,是明末清初有名的文学家。归庄有一肚子学问,可他不想给清朝统治者干事。有时候心里憋闷得慌,他就装疯卖傻地胡说八道。别人都叫他"归半疯儿"。

归庄曾在自己的屋门两边贴过这样一副楹联:

两口寄安乐之窝,妻太聪明、夫太怪;
四境接幽冥之地,人何寥落、鬼何多!

幽冥,是迷信里说的所谓"阴间"。这副联意思是说,我们老两口住在"安乐窝"里,妻子太聪明,丈夫太古怪。周围可真够荒凉的,大概是挨着"阴间"的边儿上了。要不,怎么人这么少,"鬼"这么多!归庄说的"人少鬼多",其实是在骂当时的社会太黑暗了,好人少,吃人的"恶鬼"多!

有一次大年初一,归庄又在外院的破门上贴了这么一副春联:

入其室,空空如也;
问其人,嚣嚣然曰。

第二章
对联：对称和谐——汉字之妙

归庄的对联是说：走进我这个家，屋里空空荡荡的什么也没有；要是打听一下屋里的主人，我就扬扬得意地笑着跟你聊聊。对联写出了归玄恭以穷为乐，坚决不跟统治者同流合污的气节。

又有一年过春节，归庄在大门外贴了这么一副对联：

一枪戳出穷鬼去，

双钩搭进富神来！

戳，当"刺出去"讲。归庄用这种夸张的手法，表达了他乐观的精神。第二天一大早，人们看见了这副春联，都笑得前仰后合。

明朝东林党领袖顾宪成曾撰一联：

风声雨声读书声，声声入耳；

家事国事天下事，事事关心。

顾宪成在无锡创办东林书院，讲学之余，常常评议朝政。后人用这副对联教导人们"读书不忘救国"，至今仍有积极意义。上联将读书声和风雨声融为一体，既有诗意，又有深意，下联有齐家治国平天下的雄心壮志。风对雨，家对国，耳对心，极其工整，特别是连用叠字，如闻书声琅琅。

清朝有一名士，游览四川成都望江楼时，写了一上联：

望江楼上望江流，江楼千古，江流千古。

上联写出来了，同音叠字运用得十分自然、巧妙，下联就无人对出。很久以后，才有人对了出来：

印月井中印月影，月井万年，月影万年。

徐渭，字文长，号青藤老人，明朝三大才子之一，是明朝有名的文学家、书画家，为人诙谐多智，留下许多有趣的故事。徐渭生前画过一幅《青藤书屋图》，画的就是自己的家。他在画上题了一副有名的对联：

汉字文化的魅力

《青藤书屋图》（徐渭）

几间东倒西歪屋，
一个南腔北调人。

上联是说自己住的几间破屋子，这是自我嘲笑。下联的"南腔北调"，本来指说话的口音不纯正，北方话和南方话掺和在一块。可在这儿的实际意思是，我徐渭跟社会现实格格不入，唱的不是一个调！

据说，徐渭还写过这么一副怪联：

好读书，不好读书；
好读书，不好读书。

这对联看上去很奇特，上下联的字词和排列顺序完全一样。其实，这副对联妙就妙在相同处表现出了不同之意，关键在于对联中的四个"好"字，正确读法是：

好（hǎo）读书，不好（hào）读书；
好（hào）读书，不好（hǎo）读书。

意思是：一个人年轻的时候，眼神好，精力旺盛，有条件好好读书，可惜有不少青年人不好（hào）读书，荒废了青春；等到上岁数了，懂得了读书的好处，爱好（hào）读书啦，可这会儿老眼昏花，体力也不顶劲了，根本不能好好（hǎohǎo）读书了。徐渭在劝人们要趁自己年轻的好时候，抓紧学习，多读书。

宋朝的洪平斋学问不错，为人正直敢说。他写文章常爱用"而已"两字。"而已"的意思是"不过如此""罢了"。他中进士以后，在朝廷里当了个小官。可他看不惯当朝宰相干的坏事，就上书给皇上，告了宰相一状。不料，这份奏章让宰相看见了，这使得洪平斋仕途艰难。洪平斋一肚子牢骚，无处发泄。过年的时候，他在门外贴了这么一副春联：

第二章
对联：对称和谐——汉字之妙

> 未得"之乎"一字力，
> 只因"而已"十年闲。

意思是说，我读了好些"之""乎""者""也"的古书，中了进士，可就为告了宰相一状，用了"而已"两字，一下被冷落了十年，满肚子学问也白搭了。

古人尚文言，今人用白话。有位先生为此而戏作一联，言简意赅，趣味十足。

上联是：

> 文言难免之乎者也。

下联为：

> 白话不过的了吗啦。

当年曾国藩在道光十八年殿试，只是入围三甲，成了"同进士"。这事成了他一个心病，于是便有了下面的故事。

曾国藩做两江总督时，有一天，两个幕僚无聊时对对联玩。一个出了一个上联：

> 如夫人。

如夫人就是小妾的意思。

另一个就对：

> 同进士。

一个又把上联加为：

> 如夫人洗脚。

另一个就对：

> 同进士出身。

一个再加：

> 替如夫人洗脚。

另一个再对：

赐同进士出身。

正对得高兴，突听屋子里一声爆响，接着就见总督大人铁青着脸从里面出来，拂袖而去。两个幕僚莫名其妙，去问老幕僚。老幕僚一听，忙说："你们二人赶紧收拾行李走人吧。怎么哪壶不开提哪壶？你们不知曾大人就是'赐同进士出身'？"二人一听，马上收拾家当逃之夭夭——他们做梦也没有想到这权倾天下的曾大人居然就是一个"同进士"！

安徽霍山县有座山叫韩侯岭，岭上有座淮阴侯墓。淮阴侯就是秦末汉初时候大名鼎鼎的韩信。淮阴侯墓前边的祠堂里有这样一副对联：

生死一知己；

存亡两妇人。

别看上下两联只有短短的十个字，可这两句差不多说了韩信一生主要的事。

上联说的"一"个"生死知己"就是西汉丞相萧何。萧何慧眼识人，劝刘邦重用出身卑微的韩信，终于打败了项羽。韩信能建功立业是萧何这个"知己"帮助的结果。可是，汉朝建立以后，韩信被汉高祖刘邦忌惮，后来被刘邦的妻子吕后用计杀了，而参与杀韩信的人当中也有萧何。所以直到今天还留下这么一句谚语"成也萧何，败也萧何"。说的跟这个上联"生死一知己"是一码事。

下联的"存亡两妇人"又是怎么回事呢？这两个妇人，一个救过韩信的命，一个要了韩信的命。救过他的是一个洗衣服的穷老太太。韩信年轻的时候，穷得没辙了，有个老太太常在河边给人家洗纱，看他饿得怪可怜的，就省些饭给他吃。后来，韩信当了楚王，找来了救济自己的老太太，一再感谢她，还送了她一大笔钱，给她养老送终。这就是让韩信"存"的"一妇人"。让韩信"亡"的"一妇人"，就是吕后。

这副对联只用了短短的十个字，就把韩信由倒霉到走运、发迹，直到被杀，这些大事差不多都包括进去了，乃是千古名联。

第二章
对联：对称和谐——汉字之妙

诸葛亮武侯祠遍及我国各地，其中最出名、至今保存最好的是南阳和成都的两祠。两祠中的两副楹联，令人回味。

其一（南阳武侯祠）：

收两川，摆八阵，七擒六出，五丈原设四十九盏明灯，一心只为思三顾；
取西蜀，征南蛮，东和北拒，中军帐按金木土爻之卦，水面偏能用火攻。

这副对联巧妙地使用数字，对得工整，概括了诸葛亮的戎马政治生涯，综合了世代传说的种种事迹。

其二（成都武侯祠）：

能攻心，则反侧自消，从古知兵非好战；
不审势，即宽严皆误，后来治蜀要深思。

这副对联道出了诸葛亮治军理政的经验和他的高远境界。他的用兵之道，以攻心为上，攻城为下；治蜀采用严刑峻法，使蜀中风化肃然。一代诸葛武侯，其情，苍天可表；其义，大地为之动容；其智慧，千古流传；其忠诚，为后世所景仰。

西湖岳飞墓前有名联：

青山有幸埋忠骨，
白铁无辜铸佞臣。

后人阮元讽秦桧夫妻跪像：

咳！仆本丧心，有贤妻何至若此？
啐！妾虽长舌，非老贼不到如今！

上联是用秦桧的口气写的："唉！我本来就是个没人心的东西，可身边要是有个好媳妇，兴许也不至于没完没了的老在这儿跪着吧？"

下联是用秦桧老婆的口气回答说："呸！虽说我是个长舌妇，可要不是因为你这个老贼，我怎么会陪你跪着挨人啐！"

岳飞墓前长跪的秦桧夫妻雕像

《素月楼联语》上说，乾隆时期的状元秦涧泉学士，是江宁（今南京）人，而秦桧也是江宁人。当时大家都认为秦涧泉是秦桧的后人。

有一天秦涧泉到西湖游览，有人故意请他瞻拜岳王坟并题联，秦涧泉无奈，题云：

人从宋后无名桧，
我到坟前愧姓秦。

忠奸之判，俨如冰炭。秦桧之害岳飞，令数百年之后的后人尚且为此蒙羞，遗臭以致如此！

湖南岳阳楼因历代名家题咏而闻名于世。其中清代湖南进士何绍基撰写的长联，脍炙人口：

一楼何奇！杜少陵五言绝唱，范希文两字关情，滕子京百废俱兴，吕纯阳三过必醉，诗耶？儒耶？吏耶？仙耶？前不见古人，使我怆然涕下；

诸君试看：洞庭湖南极潇湘，扬子江北通巫峡，巴陵山西来气爽，岳州城东道岩疆，潴者，流者，峙者，镇者，此中有真意，问谁领会得来？

此联极为有名。上联一开始就赞叹岳阳楼的奇伟，接着便历数典型史迹予以论述。首先点出的是杜甫的五言绝唱——为世人称道的《登岳阳楼》诗，让人们从中去领略洞庭湖的浩瀚宏阔；其次点出使岳阳楼声誉倍添的范仲淹的佳辞妙句；再次提及岳阳楼的修建及范仲淹文中对滕子京政绩的评价；最后以吕洞宾的神话和陈子昂的诗句作结，从而把岳阳楼的奇伟美妙提到最高度。作者

第二章
对联：对称和谐——汉字之妙

把诗、儒、吏、仙几个方面的史迹、典故，巧妙地融入自己的联作之中，把岳阳楼的奇伟写到了绝处。然而作者到此笔锋顿转，借用陈子昂的佳诗妙句以抒发不见前代贤才而悲伤感慨之情。

下联继续写岳阳楼之奇之美，不过不是借诗文典故，而主要是依据方位实写。登楼远眺，南可望潇湘，北可及巫峡，西可至巴陵山，东可穷山岩的边界。那宏阔的湖水，那滚滚奔腾的河流，那耸立的群峰，那雄镇一方的主峰均映入眼帘。作者写至此，切景着墨抒发了此中胜景真意，谁领会得来的设问。真是言虽尽而意无穷。

云南昆明大观楼长联，有180字之多，是清代孙髯翁所题，实为长联之绝唱。

《岳阳楼》（明 谢时臣）

五百里滇池，奔来眼底；披襟岸帻，喜茫茫空阔无边！看东骧神骏，西翥灵仪，北走蜿蜒，南翔缟素；高人韵士，何妨选胜登临；趁蟹屿螺州，梳裹就风鬟雾鬓；更蘋天苇地，点缀些翠羽丹霞；莫辜负四周香稻，万顷晴沙，九夏芙蓉，三春杨柳；

数千年往事，注到心头；把酒凌虚，叹滚滚英雄谁在？想汉习楼船，唐标铁柱，宋挥玉斧，元跨革囊；伟烈丰功，费尽移山心力；尽珠帘画栋，卷不及暮雨朝云；便断碣残碑，都付与苍烟落照；只赢得几杵疏钟，半江渔火，两行秋雁，一枕清霜。

此联气势磅礴，情文并茂，为世人所称道。上联写滇池风物，似一篇滇池游记；下联记华夏历史，似一篇读史随笔。全联如一篇有声、有色、有情的骈文，妙语如珠，诵之朗朗上口。这副对联想象丰富，感情充沛，一气呵成，被誉为第一长联。

安徽马鞍山市郊采石矶的太白楼，又称青莲祠。相传李白晚年夜渡采石，自沉江水，后人为追念这位大诗人而建此太白楼。清代文人黄琴士在此题了一副长联：

  侍金銮，谪夜郎，他心中有何得失穷通，但随遇而安，说什么仙，说什么狂，说什么文章身价；上下数千年，只有楚屈平、汉曼倩、晋陶渊明，能仿佛一人胸次；

  踞危矶，俯长江，这眼前更觉天地空阔，试凭栏远眺，不可无诗，不可无酒，不可无奇谈快论；流连四五日，岂惟牛渚月、白纻云、青山烟雨，都收来百尺楼头。

此联节奏明快，对仗工整。上联评人物，下联吟江山。联语开门见山地点出了李白一生中浮沉波折的两件大事"侍金銮"和"谪夜郎"，而李白却随遇而安，"说什么仙，说什么狂，说什么文章身价"都看得十分淡泊。作者对李白给予了高度的评价，"只有楚屈平、汉曼倩、晋陶渊明"的胸次能与之相比。于是触景生情，诗酒都来，奇谈怪论，气魄之大，情感之豪迈，语言之流畅，实为联中罕见。

杭州万松岭下财神殿有这样一副对联：

  我若真灵，也不致脚手渐渐残、皮肉点点落；
  汝当顿悟，须知道勤俭般般有、懒惰件件无。

与之相对应的，则是四川峨眉山灵官庙司命殿联：

  你求名利，他卜吉凶，可怜我全无心肝，怎出得什么主意？
  殿遏烟云，堂列钟鼎，堪笑人供以泥木，空费了多少钱财！

读此两联，不禁令人动容，非具大智大慧、看透世情者，不能说出此等言语。

清朝的许械在嘉定花神庙上题的楹联，一直被视为名联：

  海棠开后，燕子来时，良辰美景奈何天，芳草地，我醉欲眠，栋

第二章
对联：对称和谐——汉字之妙

花风,尔且慢到;

　　碧澥倾春,黄金买夜,寒食清明都过了,杜鹃道,不如归去,流莺说,少住为佳。

上联"海棠开后,燕子来时"是暮春景色,用的是宋朝王诜《忆故人》中的句子;"良辰美景奈何天"是明朝汤显祖《牡丹亭》名句,姹紫嫣红的春天即将消逝,无可奈何,依依不舍。

下联"碧澥倾春,黄金买夜",用的宋代梁栋《念奴娇·春梦》中的句子;"寒食清明都过了"用的是宋朝吕渭老《极相思·西园斗草归迟》中的句子。春梦初醒,"不如归去",还是"少住为佳",留下一个悬念。

此联用词曲语言,写花神主题,曼语丽辞,令人心驰神往,实可当作一首清新秀美、温软伤怀的词来读。

第三章
诗词：韵律意境——汉字之雅

我国古代诗词中曾有过许多乍看是文字游戏，细品又饶有风趣的短诗小词，在老百姓特别是文化人中颇受欢迎。近似玩笑的文字中，蕴涵了深厚的机智幽默和丰富的文化底蕴。它们不仅能产生雅趣，陶冶情操，而且也颇有教益。这些诗词有的巧夺天工，叹为观止，有的诙谐幽默，趣味盎然，常给人妙语连珠、拍案叫绝的快感。

　　所谓诗词,是指主要以近体诗和律词为代表的中国传统诗歌。通常认为,诗更适合"言志",词更适合"抒情"。

　　近体诗,亦称"今体诗",是唐代形成的律诗和绝句的通称。唐代以前的诗歌一般称古体诗,在形式上是比较自由的——在平仄换韵、字数多少、句式长短等方面,都没有固定的限制。初唐以后,要求严格按照律诗的格律写诗,对句数、字数和平仄、用韵都有严格规定,这种诗就叫作近体诗。格律尽管对人的思想有较大的束缚,但因其句式的整齐和音律的和谐,而为历代诗人所乐意遵守。

　　词则是由诗发展而来的,也叫诗余、长短句、曲子、曲子词。隋唐时期,随着音乐的广泛流传,根据唱词和音乐节拍配合的需要,创作或改编出了一些长短参差的词,这便是最早的词了。词起于隋唐而盛于宋,由于是为入乐而作,因此词有词牌,调有定格,句有定数,字有定声,无一不适合歌唱的需要。

　　诗词在中国传统文化中占据着举足轻重的地位。这是因为,诗词是最古老同时也是最基本的文学形式,凡学文者无不先得学会作诗。诗词饱含着作者的思想感情与丰富的想象,语言凝练而形象性强,有鲜明的节奏、和谐的音韵,富有音乐美,同时语句一般又分行排列,注重结构形式的美,因而成为中国古典文化皇冠上的明珠。

第三章

诗词：韵律意境——汉字之雅

一、回文篇

回文，也写作"回纹""回环"，是汉语特有的一种使用词序回环往复的修辞方式，文体上称之为"回文体"。回文诗就是利用这种修辞方式作成的诗，通常可以倒读，有的还可以反复回旋。有些作品用文字排列成各种图案，纵横交错成文，近似文字游戏。

十六国前秦妇女苏蕙（亦名苏若兰），武功（今陕西）人，是秦州刺史窦滔的妻子。苏蕙知识广博，仪容秀丽，谦默自守，不求显耀，深得丈夫窦滔敬重。

后来窦滔遇到歌伎赵阳台，娶作偏房，并且十分宠爱。苏蕙十分嫉妒赵阳台，每次见窦滔，总免不了一番嘲讽，窦滔常常为此遗憾，心中十分不快。一次，窦滔奉命要到襄阳做官，苏蕙不肯与他同往，他就带着赵阳台去赴任，渐渐和苏蕙断了音信。苏蕙十分悔恨，于是费尽心机，织成一块八寸见方的五色锦缎，用文字织成回文诗，这便是有名的《璇玑图》。

苏蕙派人把织好的锦图送到襄阳，窦滔读后十分惭愧，深感对不起爱妻，于是幡然醒悟，当即打发赵阳台返回关中，并用隆重的礼仪，把苏蕙接到襄阳，

自此以后，夫妻更加恩爱。

《璇玑图》

《璇玑图》，除正中央之"心"字为后人所加外，原诗共八百四十字，纵横各二十九字，方阵纵、横、斜、交互、正、反读或退一字、叠一字读均可成诗，诗有三言、四言、五言、六言、七言不等，目前统计约可组成七千九百五十八首诗。

苏蕙的《璇玑图》出世之后，轰动了那个时代，大家争相传抄，试以句读，

第三章

诗词：韵律意境——汉字之雅

解析诗体，然而能懂的人寥若晨星。《璇玑图》流传到后世，又不知令多少文人雅士伤透了脑筋。唐代女皇武则天就《璇玑图》着意推求，得诗二百余首。宋代高僧起宗，将其分解为十图，得诗三千七百五十二首。明代学者康万民，苦研一生，撰下《〈璇玑图〉读法》一书，说明原图的字迹分为五色，用以区别三言、五言、七言诗体，后来传抄者都用墨书，无法分辨其体，给解读造成困难。康万民研究出了一套完整的阅读方法，分为正读、反读、起头读、逐步退一字读、倒数逐步退一字读、横读、斜读、四角读、中间辐射读、角读、相向读、相反读等十二种读法，可得五言、六言、七言诗四千二百零六首。每一首诗均悱恻幽怨，一往情深，真情流露，令人为之动颜。

例如从最右侧直竖开始，随文势折返，可发现右上角外围顺时针读为

仁智怀德圣虞唐，贞志笃终誓穹苍。

钦所感想妄淫荒，心忧增慕怀惨伤。

上面这首诗也可反读变为：

伤惨怀慕增忧心，荒淫妄想感所钦。

苍穹誓终笃志贞，唐虞圣德怀智仁。

这里仅选择几首从《璇玑图》中整理出来的诗，以展现苏蕙对夫君的真情意：

苏作兴感昭恨神，辜罪天离间旧新。

霜冰齐洁志清纯，望谁思想怀所亲！

这是一位被"新人"取代的"旧妇"唱出的幽怨和不平，但对于远方的夫君她依然怀着"霜冰"般纯洁的一片真情。

伤惨怀慕增忧心，堂空惟思咏和音。

藏摧悲声发曲秦，商弦激楚流清琴。

这首诗正读、反读皆可，描述了满怀悲思的人儿，独自坐在空寂的堂上抚琴，琴声时而呜咽如泉，时而激越如风，倾诉着抚琴人翻滚涨落的心声。

嗟叹怀所离径，遐旷路伤中情。

家无君房怅清，华饰容朗镜明。

  葩纷光珠曜英，多思感谁为荣？

  周风兴自后妃，楚樊厉节中闱。

  长叹不能奋飞，双发歌我衮衣。

  华观冶容为谁？宫羽同声相追。

  凄怆的六言诗，诉说着女主人公在空寂的"房帏"中对镜梳妆时的几多哀叹，她纵然有着"葩纷""曜英"的容颜，但韶光易逝，夫君难回，这如花的年华，又"冶容为谁"？

  寒岁识凋松，贞物知终始。

  颜丧改华容，仁贤别行士。

  这首可回读的五言诗，用岁寒后凋的松柏作比，吐露了她对夫君矢志不渝的贞情。倒转来读，则表现得更加激扬蓬勃，感人至深。

  谗奸佞凶，害我忠贞。

  祸因所恃，姿极骄盈。

  这里又对那位夺她夫君的赵阳台进行了痛斥，喻她为"谗奸"。苏蕙之所以负气留在长安，不与丈夫同往襄阳，全因了那位赵阳台恃宠邀情，怎不让苏蕙愤恨至极。

  一幅深情玄妙的《璇玑图》的意韵，绝不是一篇短文章能讲得清楚的，若想领会其中奥妙，只有自己会心品味，方能渐入佳境。它实在是中国文字深奥、古奇、优美与艺术化的最佳诠释。

  苏蕙《璇玑图》问世之后，历代不少有才之士纷纷模仿，想与苏蕙平分秋色，但最终除了作出一些"回文诗"外，都不如意。仅苏东坡创造的一种"反复诗"，尚有一些《璇玑图》的意韵。全文排列如下：

第三章

诗词：韵律意境——汉字之雅

苏东坡的"反复诗"图

"反复诗"的字排成一个菱形，从外圈任取一字开始，左旋右旋，读之皆可，能得五言绝句三十首；圈内十字交叉的十三个字，顺读、横读、逆读，可得七言绝句四首；以中间的"老"字为枢纽，左右上下旋读，又可得诗若干首；若将所有二十九字任取一字随意回旋，取其押韵，还能得诗若干首。据说以这二十九字反复变化，可读出七八十首诗来，可以说是神奇巧妙，与《璇玑图》异曲同工。然而，从气势上，变化的花样和难度上，它仍难与《璇玑图》相提并论。苏蕙用一腔真情创制的《璇玑图》真称得上千古之绝唱！

下面就"反复诗"排列图列出几个示例：

外圈顺时针读，有：

蕊远含香吐，尖笋隐东洼。

水远山藏雨，烟冷衬红花。

外圈逆时针读，则有：

隐笋尖吐香，含远蕊花红。

衬冷烟雨藏，山远水洼东。

外圈顺时针用辘轳回文法读，又有：

红花蕊远含香吐，香吐尖笋隐东洼。

东洼水远山藏雨，藏雨烟冷衬红花。

内十字架读，则有：

水流春老吟残蕊，烟云望老斗叉尖。

蕊残吟老春流水，尖叉斗老望云烟。

内十字架用辘轳体读：

烟云望老吟残蕊，蕊残吟老斗叉尖。

尖叉斗老春流水，水流春老望云烟。

内十字架利用回文读：

烟云望老吟残蕊，蕊残吟老斗叉尖。

尖叉斗老吟残蕊，蕊残吟老望云烟。

外圈与内十字架相结合读：

冷衬红花蕊，残吟老望云。

烟雨藏山远，水流春老吟。

宋代钱惟治写过一首《春日登大悲阁》，也是一首回文反复体。

碧天临迥阁，晴雪点山屏。

夕烟侵冷箔，明月敛闲亭。

全诗四句二十字。如果从第二字读起，则成为：

天临回阁晴，雪点山屏夕。

烟侵冷箔明，月敛闲亭碧。

可以从第三字、第四字起，如此读下去，至从第二十字起，反复成诗二十首。然后再从最后一句的倒数第二个字倒读下去，又成诗二十首。这就是回文诗中的回文反复体。这种诗实在难写，巧是真巧，但诗味不多，只能算是一种高级的文字游戏。

第三章

诗词：韵律意境——汉字之雅

唐代乐伎薛涛，是唐代女诗人中的佼佼者。她才华横溢，许多诗人都称赞她的诗。相传她写过四时回文诗，顺读、倒读，皆成佳作。

春

花朵几枝柔傍砌，柳丝千缕细摇风。

霞明半岭西斜日，月上孤村一树松。

夏

凉回翠簟冰人冷，齿沁清泉夏月寒。

香篆袅风清缕缕，纸窗明月白团团。

秋

芦雪覆汀秋水白，柳风凋树晚山苍。

孤帏客梦惊空馆，独雁征书寄远乡。

冬

天冻雨寒朝闭户，雪飞风冷夜关城。

鲜红炭火围炉暖，浅碧茶瓯注茗清。

比如，第一首《春》，就可以倒读为：

松树一村孤上月，日斜西岭半明霞。

风摇细缕千丝柳，砌傍柔枝几朵花。

后来，明朝秀才孟沂，也做过四时回文诗，全诗如下：

春

芳树吐花红过雨，入帘飞絮白惊风。

黄添晓色青舒柳，粉落晴香雪覆松。

夏

瓜浮瓮水凉消暑，藕叠盘冰翠嚼寒。

斜石近阶穿笋密，小池舒叶出荷团。

秋

残石绚红霜叶出，薄烟寒树晚林苍。

鸾书寄恨羞封泪，蝶梦惊愁怕念乡。

冬

风卷雪篷寒罢钓，月辉霜柝冷敲城。

浓香酒泛霞杯满，淡影梅横纸帐清。

《冬梅图》（清 金农）

这两组诗色彩鲜明，文句清丽可读，最出彩的地方在于不仅仅是回文，还全诗对仗工整，每首诗的第一、二句和第三、四句分别为一副对联。

清代才子朱杏孙有这样一首七律回文诗：

孤楼倚梦寒灯隔，细雨梧窗逼冷风。

珠露扑钗虫络索，玉环圆鬓凤玲珑。

肤凝薄粉残妆悄，影对疏栏小院空。

第三章

诗词：韵律意境——汉字之雅

芜绿引香浓冉冉，近黄昏月映帘红。

此诗倒读，仍是一首七律。若重新标点，则变成了调寄《虞美人》词：

孤楼倚梦寒灯隔，细雨梧窗逼。冷风珠露扑钗虫，络索玉环，圆鬟凤玲珑。肤凝薄粉残妆悄，影对疏栏小。院空芜绿引香浓，冉冉近黄昏，月映帘红。

此词也可倒读，倒读后的词仍是调寄《虞美人》，只不过是韵脚变了而已。

这首作品，无论是作诗读，还是作词读，倒读也好，顺读也好，句句妙语连珠，字字工整稳妥。而且从诗词的对句、属性、平仄、韵律看，都是标准的诗词，找不出什么毛病来。古人玩文字游戏，玩到如此炉火纯青、练达精妙的程度，实在少见！怎不叫人拍案叫绝！

宋朝苏东坡和秦少游是好朋友，有一次苏东坡专程上门拜访秦少游，家人告诉苏东坡秦少游出外游玩，很可能上佛印和尚寺里去了。于是苏东坡写信询问他的情况。秦少游见苏东坡来信后，便写了一封只有十四字的怪信，遣人带给苏东坡。信上的十四个字排成一圈：

赏花归去马如

暮　　　　　飞

已时醒微力酒

苏东坡看后连声叫好，原来秦少游写的是一首回文诗，诗中描述了他在外游玩的生活和情趣。其内容为：

赏花归去马如飞，去马如飞酒力微。
酒力微醒时已暮，醒时已暮赏花归。

十四个字组成了一首七言绝句，每个字出现两次，文字处理技巧高超。

苏东坡手迹

清代女诗人吴绛雪的回文诗《四时山水诗》极妙,而"夏"更是公认的一枝独秀。

莺啼岸柳弄春晴夜月明(春)

香莲碧水动风凉夏日长(夏)

秋江楚雁宿沙洲浅水流(秋)

红炉透炭炙寒风御隆冬(冬)

这是四首回文联珠体诗。每首十个字中,中间四个字前后复用,然后再倒读,就得到四首七绝诗。比如《夏》:

香莲碧水动风凉,水动风凉夏日长。

长日夏凉风动水,凉风动水碧莲香。

一首诗要从十个字中回环出来,且不失季节特色,难怪被誉为回文诗中的珍品及吴绛雪的代表作。

第三章

诗词：韵律意境——汉字之雅

号称长短句的词，一般是很难采用回文手法的，因为如果上下句字数不同，就根本无从谈起。但偏偏"菩萨蛮"能够满足要求。苏东坡就写过一首《菩萨蛮·回文夏闺怨》回文词：

柳庭风静人眠昼，昼眠人静风庭柳。香汗薄衫凉，凉衫薄汗香。

手红冰碗藕，藕碗冰红手。郎笑藕丝长，长丝藕笑郎。

明代才女黄峨则写过一首散曲小令"卷帘雁儿落"，顺读是上阕，倒读是下阕：

难离别，情万千，眠孤枕，愁人伴。闲庭小院深。关河传信远，鱼和雁天南。看明月中肠断。

断肠中，月明看，南天雁，和鱼远。信传河关深。院小庭闲伴，人愁枕孤眠。千万情别离难。

清代的董以宁另有一首"卜算子"：

明月淡飞琼，阴云薄中酒。收尽盈盈舞絮飘，点点轻鸥咒。

晴浦晚风寒，青山玉骨瘦。回看亭亭雪映窗，淡淡烟垂岫。

这首词倒读过来则成了一首"巫山一段云"：

岫垂烟淡淡，窗映雪亭亭。看回瘦骨玉山青，寒风晚浦晴。

咒鸥轻点点，飘絮舞盈盈。尽收酒中薄云阴，琼飞淡月明。

宋朝时候，李禺写过一首夫妻互忆的回文诗《两相思》，顺读是夫思念妻的一首情诗，倒过来读则是妻思念夫的情诗。

顺读：

枯眼望遥山隔水，往来曾见几心知？

壶空怕酌一杯酒，笔下难成和韵诗。

途路阻人离别久，讯音无雁寄回迟。

孤灯夜守长寥寂，夫忆妻兮父忆儿。

倒读：

儿忆父兮妻忆夫,寂寥长守夜灯孤。

迟回寄雁无音讯,久别离人阻路途。

诗韵和成难下笔,酒杯一酌怕空壶。

知心几见曾来往,水隔山遥望眼枯。

其实不论顺读、倒读,表达夫妻互相思念(也包括父子互相思念)的离情别愁,都十分真切、感人。

第三章
诗词：韵律意境——汉字之雅

二、打油篇

打油诗是旧体诗的一种，即俳谐体诗。它往往是作者对现实社会、现实生活中的假、丑、恶的感应，当然也有对真、善、美的赞美。这类诗内容和词句不拘于平仄韵律，通俗易懂，诙谐幽默，风趣动人，有时则暗含讥讽，因而在民间广为传播，表现出较强的生命力。

唐朝人张打油不过是一般的读书人，有人说他是个农民，总之是个无名小卒。但他有一篇名为《咏雪》的诗：

江上一笼统，井上黑窟窿。

黄狗身上白，白狗身上肿。

此诗一鸣惊人，开创了一个崭新的打油诗体，名垂千古。此诗描写雪景，从全貌到特写，从颜色到神态，通篇写雪，不着一"雪"字，而雪的形神跃然。遣词用字十分贴切、生动、传神。用语俚俗，本色朴拙，别有风致，诙谐幽默，轻松悦人。

有一年冬天，有位大官要在宗族祠堂祭奠祖先，刚进大殿，就见壁上有一首诗：

六出九天雪飘飘，恰似玉女下琼瑶。

> 有朝一日天晴了，使扫帚的使扫帚，使锹的使锹。

大官发怒，定要清查捉拿写诗的人，便把张打油捉来了。张打油见了官，不紧不慢地辩解说："大人，我虽爱胡诌几句，但本事再不济，也不可能写出这类歪诗。假若不信，小的情愿一试。"

大官听他口气不小，就决定让他试一试。当时安禄山兵犯南阳，便让他以此为题作诗。只听张打油一开口："百万贼兵困南阳。"大官一听，不禁赞道："起句果然不凡。"接着第二句："也无援救也无粮。"大官摸摸胡子："也还可以，继续。"张打油一气呵成："有朝一日城破了，哭爹的哭爹，哭娘的哭娘！"这几句手法，与"使扫帚的使扫帚，使锹的使锹"如出一辙。他刚念完，在场的人不禁哄堂大笑，就连大官也忍俊不禁笑了起来，终于饶恕了到处乱题诗的张打油。

欧阳修也曾写过一首打油诗：

> 大雨哗哗飘湿墙，诸葛无计找张良。
> 关公跑了赤兔马，刘备抡刀上战场。

这是欧阳修一次到一家新开的酒家吃饭，店主问欧阳修菜的味道如何。欧阳修当即题了这四句诗谜（谜底为谐音），含蓄巧妙地道出了菜品的味道：

大雨哗哗飘湿墙，（无檐——无盐）

诸葛无计找张良。（无算——无蒜）

关公跑了赤兔马，（无缰——无姜）

刘备抡刀上战场。（无将——无酱）

这样的妙趣诗，知识性和趣味性结合得很好，读来令人愉悦。

明朝正德年间，有个叫李赖子的，好作十七字打油诗，能触目成诵。当时天旱，太守求雨未应，他竟作诗嘲笑太守。诗云：

> 太守出祷雨，万民皆喜悦。

第三章

诗词：韵律意境——汉字之雅

昨夜推窗看，见月。

这诗传到太守耳朵里，太守甚为生气，便下令传讯他，说："你善吟十七字诗，不妨再作一首。假如是佳作，便放了你。我的别号是西坡，就以此为题作诗吧。"

李赖子一生玩世不恭，并不多加思考，应声吟道：

古人号东坡，今人号西坡。

若将两人比，差多。

太守被激怒，令人打了他十八大板。刚打完，他又吟诗一首：

作诗十七字，被责一十八。

若上万言书，打杀。

太守更加怒不可遏，判他诽谤罪，发配浔阳。临走，舅舅来送别，两人相持而哭。哭完，李赖子说："临别没有什么好送舅舅的，就吟一首诗相赠吧。"于是，口占一首诗云：

发遣在浔阳，见舅如见娘。

两人齐下泪，三行。

两人为何是三行泪呢？原来他舅舅是一只眼。

明代学士文嘉曾写有《今日》诗，全文如下：

今日复今日，今日何其少！

今日又不为，此事何时了？

人生百年几今日，今日不为真可惜！

若言姑待明朝至，明朝又有明朝事。

为君聊赋《今日》诗，努力请从今日始！

比文嘉更早的明代学者钱鹤滩有《明日歌》，广为传诵，告诫人们切不可浪费光阴，虚度年华。《明日歌》全文如下：

明日复明日，明日何其多！

> 我生待明日，万事成蹉跎。
>
> 世人若被明日累，春去秋来老将至。
>
> 朝看水东流，暮看日西坠。
>
> 百年明日能几何？请君听我《明日歌》。

全诗围绕"明日"这个主题，发挥得淋漓尽致，促人深省。诗中使用口语，朗朗上口。

据《桐城县志》记载，清代康熙年间文华殿大学士兼礼部尚书张英的老家人与邻居吴家在院墙问题上发生了争执，家人飞书京城，让张英向家乡官府打招呼"摆平"吴家。而张英回馈给老家人的是一首打油诗：

> 一纸书来只为墙，让他三尺又何妨。
>
> 长城万里今犹在，不见当年秦始皇。

家人见书，主动在争执线上退让了三尺，而邻居吴氏也深受感动，退地三尺，建宅置院。于是两家的院墙之间有一条宽六尺的巷子，六尺巷之名由此而来。

六尺巷

鲁迅在1924年10月写了一首拟古的打油诗，题目叫《我的失恋》。这首诗写得很风趣，刊登在《雨丝》上。全文如下：

> 我的所爱在山腰，想去寻她山太高，低头无法泪沾袍。爱人赠我

第三章

诗词：韵律意境——汉字之雅

百蝶巾，回她什么：猫头鹰。从此翻脸不理我，不知何故兮使我心惊。

我的所爱在闹市，想去寻她人拥挤，仰头无法泪沾耳。爱人赠我双燕图，回她什么：冰糖葫芦。从此翻脸不理我，不知何故兮使我糊涂。

我的所爱在河滨，想去寻她河水深，歪头无法泪沾襟。爱人赠我金表索，回她什么：发汗药。从此翻脸不理我，不知何故兮使我神经衰弱。

我的所爱在豪家，想去寻她兮没有汽车，摇头无法泪如麻。爱人赠我玫瑰花，回她什么：赤练蛇。从此翻脸不理我，不知何故兮——由她去罢。

鲁迅临摹作品

这首诗形式上是模仿张衡的《四愁诗》，但它又是打油诗，不拘平仄，诙谐幽默。它讽刺了当时盛行的"阿呀阿唷，我要死了"的失恋诗，故采用了玩笑的笔调。诗中点出了本来就不能相爱，何必"阿呀阿唷，我要死了"。诗的最后是"由她去罢"，作者在嬉笑之中对热衷写失恋诗的人，表示了一种轻蔑和嘲弄。

三、杂体篇

通指古典诗歌正式体类以外的各种各样的诗体。这些诗多把字形、句法、声律和押韵加以特殊变化，成为独出心裁的奇异之作，一般带有文字游戏性质。杂体诗虽表现出一定的巧思和驾驭文字的能力，但"终非诗体之正"，一般不能列为正规的文学作品。

据《今古奇观》记载，苏东坡的好友佛印和尚曾给苏东坡写来一封信，让苏东坡为之摸不着头脑。信的内容如下：

野野 鸟鸟 啼啼 时时 有有 思思 春春 气气 桃桃 花花 发发 满满 枝枝
莺莺 雀雀 相相 呼呼 唤唤 岩岩 畔畔 花花 红红 似似 锦锦 屏屏 堪堪
看看 山山 秀秀 丽丽 山山 前前 烟烟 雾雾 起起 清清 浮浮 浪浪 促促
潺潺 湲湲 水水 景景 幽幽 深深 处处 好好 追追 游游 傍傍 水水 花花
似似 雪雪 梨梨 花花 光光 皎皎 洁洁 玲玲 珑珑 似似 坠坠 银银 花花
折折 最最 好好 柔柔 茸茸 溪溪 畔畔 草草 青青 双双 蝴蝴 蝶蝶 飞飞
来来 到到 落落 花花 林林 里里 鸟鸟 啼啼 叫叫 不不 休休 为为 忆忆

第三章

诗词：韵律意境——汉字之雅

春春 光光 好好 杨杨 柳柳 枝枝 头头 春春 色色 秀秀 时时 常常 共共
饮饮 春春 浓浓 酒酒 似似 醉醉 闲闲 行行 春春 色色 里里 相相 逢逢
竞竞 忆忆 游游 山山 水水 心心 息息 悠悠 归归 去去 来来 休休 役役

后来经苏小妹解释，把上面这封信内容中的叠字重新打散组合，就变成了一首长诗：

野鸟啼，野鸟啼时时有思。
有思春气桃花发，春气桃花发满枝。
满枝莺雀相呼唤，莺雀相呼唤岩畔。
岩畔花红似锦屏，花红似锦屏堪看。
堪看山，山秀丽，秀丽山前烟雾起。
山前烟雾起清浮，清浮浪促潺湲水。
浪促潺湲水景幽，景幽深处好，深处好追游。
追游傍水花，傍水花似雪，似雪梨花光皎洁。
梨花光皎洁玲珑，玲珑似坠银花折。
似坠银花折最好，最好柔茸溪畔草。
柔茸溪畔草青青，双双蝴蝶飞来到。
蝴蝶飞来到落花，落花林里鸟啼叫。
林里鸟啼叫不休，不休为忆春光好。
为忆春光好杨柳，杨柳枝枝春色秀。
枝枝春色秀时常，时常共饮春浓酒。
共饮春浓酒似醉，似醉闲行春色里。
闲行春色里相逢，相逢竞忆游山水。
竞忆游山水心息，心息悠悠归去来，
归去来休休役役。

唐代著名高僧释皎然写有一首飞雁体诗：

春 春

春 台 日 春

春 别 烟 鸟 绣 春

春 有 树 隔 间 山 衣 春

情 风 花 乱 遥 草 瓮 轻

声 正 得 无 莫 色

名 飘 须 次

倾 荡

此诗读法是左右开弓斜着读，呈人字形，犹如雁阵，所以叫飞雁体。应念为：

春日绣衣轻，春台别有情。

春烟间草色，春鸟隔花声。

春树乱无次，春山遥得名。

春风正飘荡，春瓮莫须倾。

福唐体，即独木桥体，又叫独韵诗，或叫一字韵诗。每句韵脚用同一个字。实际就是复字诗的复字在末尾的，因此也可叫同尾诗。黄庭坚曾写过一首福唐体的词：

黄庭坚像

阮郎归

烹茶留客驻金鞍，月斜窗外山。

别郎容易见郎难，有人思远山。

归去后，忆前欢，画屏金博山。

一杯春露莫留残，与郎扶玉山。

这首词通篇押韵，属于排韵，逢双句则用"山"字，形成特殊的福唐体词。

第三章

诗词：韵律意境——汉字之雅

拆字诗则起源于南宋初年的学者刘一止，他在《苕溪集》中记载有："山中作拆字语寄江子我郎中，比曾以拆字语为戏，然卒未有以为诗者，请自今始。"诗曰：

  日月明朝昏，山风岚自起。
  石皮破仍坚，古木枯不死。
  可人何当来，意若重千里。
  永言詠黄鹄，志士心未已。

诗中各句分别有："明""岚""破""枯""何""重""詠（咏）""志"的拆字结构，每句文意自然，紧扣题意，全诗意思完整，无生硬拼凑之感，可谓拆字诗中的上品。

明朝末年，战乱频仍，驻防四川江油的一位姓萧的将领整饬军务准备应敌之时，不免十分牵挂远在富顺的妻子和儿女。就在这时，儿子来了，带来了母亲刘氏写的十首拆字诗。这十首拆字诗是把一个字拆解成三个字，分别以这三个字开头写成前三句诗，再把这三个字合成本字作为开头写出最后一句诗。刘氏是离合"驛""梅""驚""別""意""堤""柳""暗""離""愁"十个字成诗的，因当时使用繁体字，这里仍须使用繁体字才能看出其离合的关系。原诗如下：

  驛
  馬革何人試裹屍？四維不振笑男兒。
  幸聞碩果存幽閣，驛使無言寄雅梨。
  梅
  木偶同朝只素餐，人情說到死真難。
  母牽幼女齊含笑，梅骨留香莫畏寒。
  驚
  苟活何如決意休？文姬胡拍總堪羞。

馬嘶芳草香魂斷，驚醒人間妾婦流。
別
口中節義系誰無？力挽江河實浪虛。
刀鋸不移巾幗志，別無芥蒂是吾徒。
意
立也傷悲坐也傷，日斜光景對殘陽。
心憐夫嗣兒還父，意慘君愁女伴娘。
堤
土兵劫去又官兵，日望征人不復生。
足練有緣紅粉盡，堤邊一勺是匡城。
柳
木嫁原知冠蓋凋，夕陽古道冷蕭蕭。
耳邊似聽征魂泣，柳絮因風未許招。
暗
日前送別唱陽關，立石望夫還未還。
日信頻從隴外寄，暗傳汝婦已投繯。
離
凶莫凶兮國破亡，內庭無救各奔忙。
佳人命薄成何用？離卻塵氛骨也香。
愁
禾黍流離最可憐，火焚無與救眉燃。
心雖甘作黃泉客，愁向山頭望杜鵑。

　　萧某读后，始知妻子虑丈夫在战乱中难以幸免，故留下这十首离合体诗后，已与女儿投缳自尽。萧某妻刘氏于国破家亡之际从容就义，抒写此绝妙好诗，实在堪称旷代逸才，惜乎隐没民间而鲜为人知。

第三章

诗词：韵律意境——汉字之雅

据说，宋神宗熙宁年间，有一名辽国使者来到大宋，由苏东坡负责接待。这位辽国使者认为自己擅长作诗，就想和苏东坡比个高低。苏东坡一听当时就笑了，说道："作诗其实是很容易的事情，读诗才是极难的事情。"辽国使者大为不服，苏东坡于是就写了《晚眺》一诗，只写十二字，有长写，有短写，有横写，有侧写，有反写，有倒写。辽使看后，竟然读不出来，惶惑莫知所云，声言"自是不复言诗"。

这是一首神智体诗。它利用字形大小，笔画多少，位置正反，排列疏密等方法进行写作，即"以意写图，使人自悟"。这种写法带有文字游戏性质，而且极为诡怪，但设想十分新奇，往往能显示出作者的智慧和才能。

第一句中"亭"字写得很长，"景"字又写得极短，"畫"（画）字写成了图中的怪样子，表示内中无人。这句念成"长亭短景无人画"。

神智体诗（苏东坡）

下面第二句"老"字写得特别大，"拖"字横写，"笻"的竹头写得极瘦，这句念作"老大横拖瘦竹笻"。

第三句"首"字反着写，繁体的"云"字中间写断了，"暮"中间之日字倾斜了，这句念作"回首断云斜日暮"。

第四句，江字中的"工"字曲写，"蘸"字倒写，峰字偏旁"山"字侧写，这句便念作"曲江倒蘸侧山峰"。

整体合念便成这首《晚眺》：

长亭短景无人画，老大横拖瘦竹笻。

回首断云斜日暮，曲江倒蘸侧山峰。

这首诗实际是一首写景诗。写的是一个老人，身披残阳夕照，横握筇竹手杖，放眼远眺，尽情观赏黄昏后美妙多变的山水景物，悠然自得，悦目赏心。

这首诗不仅描绘了祖国壮丽俊秀的美好河山,而且字里行间渗透着深情至爱。写得情景交融,人物栩栩如生,呼之欲出。这首诗表现方法精巧奇特,令人读后终生难忘。

同旁诗就是利用汉字的特点,用相同偏旁部首的字构成一首诗或一句诗。黄庭坚曾写过一首题为《戏题》的著名同旁诗:

逍遥近道边, 憩息慰惫懑。
晴晖时晦明, 谑语谐谠论。
草莱荒蒙茏, 室屋壅尘坌。
僮仆侍偪侧, 泾渭清浊混。

黄庭坚手迹

内容是写士大夫"一肚皮不合时宜"的孤傲清贫。首句写行路,字皆从走之;次句写情绪,皆从心;三句写天气,故从日;四句写言谈,字皆从言;五句写荒草,字从草头;六句写蜗居,字皆土底;七句写近身仆僮,字皆从立人;末句写贤愚混杂如泥沙,故字皆从水。这首诗描写了诗人憩息和漫步郊野所见的景色,由于每句诗各字偏旁相同,给人以整齐划一的感觉。

藏头诗,又名"藏头格",是将所说之事分藏于诗句之首,每句的第一个字连起来读,可以传达作者的某种特有的思想。所以,藏头诗从诞生之日起,便打上了游戏和实用双重印迹。由于藏头诗"俗文化"的特性,注定其难登大雅之堂,不为正史和正集收录,从古至今,藏头诗多在民间流传,或散见于古

第三章
诗词：韵律意境——汉字之雅

典戏曲、小说。如《水浒传》中"智多星"吴用利用卢俊义躲避"血光之灾"的惶恐心理，口占四句卦歌：

芦花丛中一扁舟，俊杰俄从此地游。

义士若能知此理，反躬难逃可无忧。

暗藏"芦（卢）俊义反"四字，广为传播。结果，成了官府治罪的证据，终于把卢俊义"逼"上了梁山。

文人士大夫中也不乏藏头诗高手。比如明朝大学问家徐渭（字文长）游西湖，面对平湖秋月胜景，即席写下了七绝一首：

平湖一色万顷秋，湖光渺渺水长流。

秋月圆圆世间少，月好四时最宜秋。

句首就藏"平湖秋月"四字。

"剥皮诗"通常以前人较有名气的诗做基础，运用颠倒、删除、增添等手法，使原意更好或与原意相反，借古讽今，读来妙趣横生，诗意盎然。

唐文宗年间有个叫魏扶的人考中了进士，后来当了主考官，刚上任时，他踌躇满志，曾在贡院的墙上题诗一首，表明自己要当个正派考官。诗曰：

梧桐叶落满庭阴，锁闭朱门试院深。

曾是昔年辛苦地，不将今日负初心。

可他的实际行为并没有像他的诗中说的那样，而是谁行贿他就优先录取谁。于是有士子将其诗的每句前面两个字删去，就成了意思相反的一首诗：

叶落满庭阴，朱门试院深。

昔年辛苦地，今日负初心。

汪精卫在刺杀摄政王载沣而被捕时曾口占一首

《墨花图》（徐渭）

五言绝句：

慷慨歌燕市，从容作楚囚。

引刀成一快，不负少年头。

后来汪精卫叛变了，于是有个叫陈剑魂的人在报纸上发表一首《改汪精卫诗》的诗：

当时慷慨歌燕市，曾羡从容作楚囚。

恨未引刀成一快，终惭不负少年头。

这首剥皮诗剥去了汪精卫的画皮，使之丑态毕露。

宝塔诗从一言起句，依次增加字数，从一字到七字，逐句成韵，叠成两句为一韵。对仗工整，读起来朗朗上口，声韵和谐，节奏明快。像这样字数逐句增多，如果把全诗横写，外形就像古代的宝塔一样，底宽上尖，从底层向上逐层收缩，像等腰三角形。唐代诗人元稹就写过一首宝塔体送别诗：

茶

香叶，嫩芽。

慕诗客，爱僧家。

碾雕白玉，罗织红纱。

铫煎黄蕊色，碗转麹尘花。

夜后邀陪明月，晨前命对朝霞。

洗尽古今人不倦，将知醉后岂堪夸。

明代嘉靖年间，昆山人邬景合开创出"八山叠翠诗"这一体式。所谓"八山叠翠"，是指诗中有八个"山"字堆叠起来，句式参差，犹如一座山峰，竖立八行，行行有山，高低四层，层层亦有山，亦谐亦庄，甚是有趣。且看他的《游苏州半山寺》：

第三章

诗词：韵律意境——汉字之雅

<pre>
         山山
         远隔
        山光半山
        映百心塘
       山峰千乐归山
       里四三忘已世
      山近苏城楼阁拥山
      堂庙旧题村苑阆疑
     竹禅榻留庄作画实
     丝新醉侑歌渔浪沧
</pre>

此诗形状如山，读时第一行和第二行正常连读，从第三行开始，每行分为左右两半，先从右侧沿矩形向下盘旋读，读至末行再从左侧沿矩形向上盘旋读，即成一首完整的七言律诗，而且中间两联对仗工整。

山山远隔半山塘，心乐归山世已忘。
楼阁拥山疑阆苑，村庄作画实沧浪。
渔歌侑醉新丝竹，禅榻留题旧庙堂。
山近苏城三四里，山峰千百映山光。

啰唆诗，又叫重复诗，是杂体诗的一种。它故意堆叠同义词，有意重复。诗歌固然要求语言凝练，但重复啰唆以至成诗，也自有其趣。

一个孤僧独自归，关门闭户掩柴扉。
半夜三更子时分，杜鹃谢豹啼子规。

这首诗语言啰唆至极，其实仅仅表达了"孤僧掩扉，夜啼子规"八个字的意思。

叠字，是指两个相同的字重叠成一个词，也称"重言词"。如李清照《声

声慢》中有"寻寻觅觅,冷冷清清,凄凄惨惨戚戚"句,连用十四个叠字。清朝女诗人贺双卿写过一首《凤凰台上忆吹箫》叠字词:

寸寸微云,丝丝残照,有无明灭难消。正断魂魂断,闪闪摇摇。望望山山水水,人去去,隐隐迢迢。从今后,酸酸楚楚,只似今宵。

青遥。问天不应,看小小双卿,袅袅无聊。更见谁谁见,谁痛花娇?谁望欢欢喜喜,偷素粉,写写描描?谁还管,生生世世,夜夜朝朝。

李清照画像

元朝的乔吉则写过一首纯体叠字词《天净沙》:

莺莺燕燕春春,花花柳柳真真。事事风风韵韵,娇娇嫩嫩,停停当当人人。

明朝大才子唐伯虎写的一首《香柳娘》更是别具一格,饶有风味:

隔帘栊鸟声,隔帘栊鸟声,把人惊觉。梦回蝴蝶巫山庙。我心中恨着,我心中恨着,云散楚峰高,凤去秦楼悄。怕今宵琴瑟,怕今宵琴瑟。你在在何方弄调,撇得我纱窗月晓。

清人徐子云的《算法大成》中有首数学诗《算来寺内几多僧》,使数学知识变抽象为形象,极具趣味性。

巍巍古寺在山林,不知寺内几多僧。
三百六十四只碗,看看用尽不差争。
三人共食一碗饭,四人共吃一碗羹。
请问先生明算着,算来寺内几多僧。

第三章

诗词：韵律意境——汉字之雅

这首诗虽然谈的是数学运算，但却有文学色彩。首先，它的韵脚造成了上口易记的语势；其次，它把人带入了诗意的想象之中，山林、古庙，给人悠远的意味。有庙必有僧，多少僧？诗中暗示可以算出。这样，人们在学习数学中，同时受到了文学的熏染。（附：有624名僧人）

檃栝，在文学上是指依某种体裁作品的原有内容、诗句进行改写，写成另外一种体裁的作品。

如黄庭坚曾将欧阳修的《醉翁亭记》檃栝成《瑞鹤仙》词：

环滁皆山也。望蔚然深秀，琅琊山也。山行六七里，有翼然泉上，醉翁亭也。翁之乐也，得之心、寓之酒也。更野芳佳木，风高日出，景无穷也。

游也。山肴野蔌，酒洌泉香，沸筹觥也。太守醉也。喧哗众宾欢也。况宴酣之乐、非丝非竹，太守乐其乐也。问当时太守为谁，醉翁是也。

林正大则将范仲淹的《岳阳楼记》檃栝成《水调歌头》词：

欲状巴陵胜，千古岳之阳。洞庭在目，远衔山色俯长江。浩浩横无涯际，爽气北通巫峡，南望极潇湘。骚人与迁客，览物兴尤长。

锦鳞游，汀兰郁，水鸥翔。波澜万顷，碧色上下一天光。皓月浮金千里，把酒登楼对景，喜极自洋洋。忧乐有谁会？宠辱两俱忘。

四、诗趣篇

诗词之中，亦多有幽默风趣之语。这些包含了机智和风趣的文化小插曲，读来常使人精神为之一快。正是由于它们的存在，才使得诗词不只受到文人墨客的喜爱和追捧，亦成为普通老百姓所喜闻乐见的文学形式。

唐宪宗元和年间，李师道为了扩充地方势力，派人送金银珠宝给朝廷官员张籍，以图拉拢。张籍婉拒礼物，并回寄一首诗：

> 君知妾有夫，赠妾双明珠；
> 感君缠绵意，系在红罗襦。
> 妾家高楼连苑起，良人执戟明光里。
> 知君用心如日月，事夫誓拟同生死。
> 还君明珠双泪垂，恨不相逢未嫁时。

诗人用已婚妇女拒绝其他男子追求的口气，委婉含蓄地拒绝为李师道效劳，以开玩笑的方式既回避了官场人事纠葛，又不得罪对方，颇为得体。

有趣的是张籍的学生朱庆馀也学老师的手法，写了一首赠张籍的诗：

第三章

诗词：韵律意境——汉字之雅

> 洞房昨夜停红烛，待晓堂前拜舅姑。
> 妆罢低声问夫婿，画眉深浅入时无？

朱庆馀曾带诗作去拜见张籍，张籍选了二十六首放在袖中，随时向人推荐。朱庆馀不知结果如何，便以"新妇"自喻向老师询问。如果不了解这段因缘，单从诗作表面上看，这不正是一首新嫁娘写给自己丈夫的诗吗？

更有意思的是张籍看到此诗之后，也将自己的这个得意门生比作"妙龄少女"，回了一首诗：

> 越女新妆出镜心，自知明艳更沉吟。
> 齐纨未是人间贵，一曲菱歌敌万金。

在回诗中，张籍将朱庆馀比作一位采菱姑娘，相貌既美，歌喉又好，必然受到人们的赞赏，以此来暗示他不必担心。

唐诗人杜牧有一首诗《清明》极为有名：

> 清明时节雨纷纷，路上行人欲断魂。
> 借问酒家何处有，牧童遥指杏花村。

可是有人认为，此诗太肥，要吃"泻药"，将诗改成：

> 清明时节雨，行人欲断魂。
> 酒家何处有，遥指杏花村。

每句诗各删去两字，而诗歌意境不变，语言却更为精练了。

此诗若改变标点，则成为一首小令：

清明时节雨，纷纷路上行人，欲断魂。借问酒家何处，有牧童遥指，杏花村。

若将标点再做改动，又成了一出戏剧小品：

　　［清明时节，雨纷纷］

　　［路上］

　　行人：（欲断魂）借问酒家何处有？

　　牧童：（遥指）杏花村！

《清明》诗意画

唐朝的权德舆曾写过一首极怪的《数名诗》，怪得有趣有味：

一区扬雄宅，恬然无所欲。二顷季子田，岁晏常自足。
三端固为累，事物反徽束。四体苟不勤，安得丰菽粟。
五侯诚旰晔，荣甚或为辱。六翮未骞翔，虞罗乃相触。
七人称作者，杳杳有遐躅。八桂挺奇姿，森森照初旭。
九歌伤泽畔，怨思徒刺促。十翼有格言，幽贞谢浮俗。

细细品味此诗，可读出诗中有许多劝喻人们如何处世做人的格言，运用了历史名人名言、事迹，告诫人们要离恶向善、正直做人。这首诗也极似一首歌谣，令人回忆起"你拍一，我拍一……"的儿歌来。

宋代词人王彦龄，很有点诈辩之才。他在太原做小吏时，闲暇无事写了十多首《望江南》。这些词的内容都是讥刺嘲笑他的同僚的，并且连上司也被他嘲笑了。消息传到了上司那里，上司甚为恼火。一天，众官吏去参见上司，拜见既毕，上司当着众官吏的面责备王彦龄说："你好大胆！我听说你写了十多

第三章

诗词：韵律意境——汉字之雅

首《望江南》，把同僚都给讽刺挖苦了一通，甚至连我也嘲笑了，难道你是倚仗你哥哥在朝中为官，认为我不敢惩治你吗？"王彦龄见此，急中生智，急忙上前分辩道："哪儿的话，下官不敢。居下位，只恐被人谗。昨日只吟《青玉案》，几时曾做《望江南》？试问马都监。"

上司一听，不禁被他逗乐了，当即哈哈大笑，那些同僚们也一个个笑着跑开了。为什么呢？原来王彦龄在上司面前随口吟出的，还是一首《望江南》，大意是说：我官居下位，最怕别人的谗言，你恐怕听信了这些谗言了吧。昨天我吟的是《青玉案》词，我什么时候又写过《望江南》呢？不信，就问问马都监。

这首词，足以见出王彦龄思维的敏捷、头脑的灵活及性格的诙谐。在逗人哈哈一笑之中，又将一桩十分严肃的事情化解了。生活中这种可严肃对待、也可戏谑敷衍的事往往很多，在某种情况下，这种滑稽而诙谐的逗乐取笑也不失为一种驱散不愉快气氛的有效之法。

宋朝绍圣年间，苏东坡被贬在海南岛儋州。当地有一位卖环饼的老妪，她的手艺好，环饼质量高。可是，因为店铺偏僻，不为人知，生意一直不好。老妪得知苏东坡是著名文学家，就请他为店铺作诗。苏东坡怜悯她生活贫苦，环饼手艺又委实不错，就挥笔写下一首七绝：

纤手搓来玉色匀，碧油煎出嫩黄深。
夜来春睡知轻重，压扁佳人缠臂金。

寥寥二十八字，勾画出环饼匀细、色鲜、酥脆的特点和形状。

南宋著名女词人朱淑贞因与丈夫分离，曾给丈夫写了一封信。丈夫拆信一看，信上没有一个字，全是画的圆圈儿。丈夫左思右想，怎么也猜不出是什么意思。翻到背面才发现上面写着一首词，正是对那些圈儿的解释：

相思欲寄无从寄，画个圈儿替。话在圈儿外，心在圈儿里。单圈儿是我，双圈儿是你。你心中有我，我心中有你。月缺了会圆，月圆了会缺。整圈儿是团圆,半圈儿是别离。我密密加圈儿,你须密密知我意。还有数不尽的相思情,我一路圈儿到底……

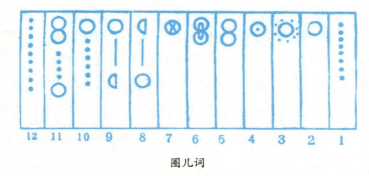

圈儿词

不久,朱淑贞因病去世,丈夫为了纪念她,给她修了墓,立了碑,并在墓碑上刻了这首《圈儿词》。

元代学者赵孟頫年轻时娶管道升为妻,夫妻感情甚笃。后来,赵孟頫官升学士,结交的都是些达官显贵。赵孟頫羡慕他们豪华放荡的生活,也想娶妾作乐。但是,赵孟頫与管道升毕竟夫妻多年,一下子难于开口,于是便做了一首词,试探管道升:

赵孟頫画像

我为学士,你做夫人。岂不闻,陶学士有柳叶、桃根,苏学士有朝云、暮云。我便多娶几个吴姬、越女,有何过分?你年纪已过四旬,只管占住玉堂春!

管道升知书达理,善于作词。她看到丈夫所写的词,心里很难过。夫妻多年,朝夕相处,如今丈夫提出这样的问题,怎么办?为了表达自己的感情,管道升也作词相答。词曰:

第三章

诗词：韵律意境——汉字之雅

你侬我侬，忒煞情多。情多处，热如火！把一块泥，捻一个你，塑一个我。将咱两个，一齐打破，用水调和。再捻一个你，再塑一个我。我泥中有你，你泥中有我。与你生同一个衾，死同一个椁！

赵孟頫看到妻子写的这首《我侬词》，感情上受到很大的震动。妻子真挚的感情打动了赵孟頫的心，使他打消了原先的念头。

明朝怪才解缙在一幅送给征人起程的画上写了一首《题长亭四柳图》：

东边一株杨柳树，西边一株杨柳树，

南边一株杨柳树，北边一株杨柳树。

纵有柳丝千万条，也绾不得征鞍住。

南山叫鹧鸪，北山叫杜宇，

一个叫：行不得也哥哥！一个叫：不如归去！

开头四句简直不是诗，比说话还啰唆，但是接下来的几句使全诗意境陡变，意味深远，情意绵长，耐人寻味。

明代的大才子唐伯虎，科考遭冤后便与官场无缘。他很早就对人生有了彻悟："……世上钱多赚不尽，朝里官多做不了。官大钱多心转忧，落得自家头白早……"由此他给自己以后的人生选择了方向："不炼金丹不坐禅，不为商贾不耕田。闲来写就青山卖，不使人间造孽钱。"他决定做一个隐士。

正德初年，唐伯虎搬进了那所著名的桃花坞，并写下了那首著名的《桃花庵歌》：

桃花坞里桃花庵，桃花庵里桃花仙。

桃花仙人种桃树，又折花枝当酒钱。

酒醒只在花前坐，酒醉还须花下眠。

花前花后日复日，酒醉酒醒年复年。

不愿鞠躬车马前，但愿老死花酒间。

车尘马足贵者趣，酒盏花枝贫者缘。

若将富贵比贫贱，一在平地一在天。

若将贫贱比车马，他得驱驰我得闲。

世人笑我忒疯癫，我笑世人看不穿。

记得五陵豪杰墓，无酒无花锄作田。

此诗为唐伯虎所有诗词中最著名的一首，乃是自况、自谴兼以警世之作。他才华横溢，却年少失意，在无奈中选择了消极避世的生活方式。这首诗就是他这一思想的体现。状若疯癫的高傲，看破红尘的轻狂，看似洒脱不羁，却又隐隐透出世人皆醉我独醒的孤独意味，其深埋心底的怀才无处遇、抱负不可舒的性情也可略见一斑。

唐伯虎画作

这首诗的每一句几乎都是对偶句，整首诗对仗极为工整，读来朗朗上口，感染力及情感冲击力极强。前三句还用了顶真手法，在诗歌开头清晰描写环境的同时，自然地带出了后面的部分。诗中没有用艳丽辞藻，就像唐伯虎清高的为人一样。

唐伯虎是个风流才子，有关他的故事，流传下来的不少。有一次，唐伯虎和好友张灵一起出去游玩，看见几个秀才坐在亭子里，一边喝酒一边作诗。两人都是好事之人，于是凑上去道："诸位作诗，我们俩能不能也诌上几句啊？"秀才们看他俩那份穷相儿，心里直笑，打算拿他们开开心，就答应了。

唐伯虎拿笔在纸上写了个"一"字，张灵接着写了个"上"；唐伯虎又写了个"一"，张灵又写了个"上"；连在一起是"一上一上"。

第三章

诗词：韵律意境——汉字之雅

秀才们看了哈哈大笑，这叫哪门子诗呀？唐伯虎没理会，接着又写了三个字"又一上"。然后拉起张灵就走。

秀才们赶紧把他俩拦住了，让他们接着把诗作完了。唐伯虎说："我们得喝足了酒，才能作好诗。"秀才们想看看他俩还出什么洋相，就给他们倒满了酒。二人一饮而尽。张灵再写了个"一上"。秀才们笑得东倒西歪："闹了半天这两位'才子'敢情就会写'一上'啊！"唐伯虎不管他们的哄笑，自个儿又喝了一大杯酒，然后提笔"嗖嗖嗖"，一口气续成了一首七言绝句：

一上一上又一上，一上上到高山上。

举头红日白云低，四海五湖皆一望。

秀才们一看，吃了一惊，没想到这个家伙还真不简单。再一回头，只见唐伯虎和张灵摇头晃脑，哈哈大笑地走了。

朱载堉是明太祖朱元璋九世孙、郑藩第六代世子，在音乐、数学、天文历法、美术、舞蹈、哲学方面都有惊人的建树。他最值得骄傲的当数在音乐方面的杰出成就，十二平均律是其最大贡献，被西方誉为"中国第五大发明"，他曾被英国著名学者李约瑟博士称为"东方文艺复兴式的圣人"。

朱载堉生性淡泊，父亲死后，他虽有承袭爵位的机会，却甘愿放弃，不愿参与皇族宗室间的争权夺利，并为此写下一首散曲《山坡羊·十不足》：

逐日奔忙只为饥，才得有食又思衣。置下绫罗身上穿，抬头又嫌房屋低。盖下高楼并大厦，床前缺少美貌妻。娇妻美妾都娶下，又虑出门没马骑。将钱买下高头马，马前马后少跟随。家人招下十数个，有钱没势被人欺。一铨铨到知县位，又说官小势位低。一攀攀到阁老位，每日思想要登基。一日南面坐天下，又想神仙下象棋。洞宾与他把棋下，又问哪是上天梯？上天梯子未做下，阎王发牌鬼来催。若非此人大限到，上到天上还嫌低。

这首《山坡羊》将贪心不足者的丑态刻画得淋漓尽致，入木三分，从而成

为脍炙人口的名篇。

从前有个人,女婿是刀笔小吏。他嫌女婿的文章没有文采,女婿很不服气,愿让岳父当面考试。

有一天,岳父手指院内山茶树请女婿吟一首诗,女婿沉思有顷,吟咏道:

据看庭前一树茶,如何违限不开花?
信牌即仰东风去,火速明朝便发芽!

岳父听后,觉得诗并非不通,也有些意思,只是衙门气太重。岳父复以月为题,请再赋一首咏月诗。女婿又吟道:

领甚公文离海角,奉何信票到天涯?
私渡关津犹可恕,不合贪夜入人家。

岳父听了,不禁捧腹大笑。此诗写月而不着一个月字,却使人感到月色满天涯,倒也别有滋味,可惜全是官家口吻。两首诗中搬用很多公文术语入诗,如"违限""信牌""火速""公文""信票""私渡""不合"等,满纸官腔,一派官吏气。

有一位箍桶老人因受儿子折磨,时常忍饥挨饿。当儿子自己有了儿子后,老人却非常心疼孙子,时常抱在怀中,视若珍宝。别人因此常讥笑他。他感慨万分,作了一首诗:

曾记当年养我儿,我儿今又养孙儿。
我儿饿我凭他饿,莫遣孙儿饿我儿。

此诗道尽了父亲对儿子的厚爱。清代文学家袁枚评它"用意深厚",说得颇为恳切。

乾隆皇帝游江南时,有一次来到一座大墓前,那里石碑如林,而且有石人、石马。乾隆指着石人问身旁一个翰林:"它叫什么名字?"原来,在古代神话

第三章
诗词：韵律意境——汉字之雅

里，这种石头人叫翁仲，而翰林却弄颠倒了，说成"仲翁"。

回京后，乾隆下了一道降职令，把这个翰林降为通判。降职令是一首打油诗：

翁仲为何作仲翁，只因窗下少夫工。

从今不许为林翰，贬入朝房作判通。

在这里，乾隆皇帝故意把"工夫""翰林""通判"颠倒着写，以讽刺翰林将"翁仲"错说成"仲翁"。

乾隆时期一个姓王的翰林为母亲做寿，请纪晓岚即席做个祝寿词助兴。纪晓岚也不推辞，当着满堂宾客脱口而出：

这个婆娘不是人。

老夫人一听脸色大变，王翰林十分尴尬。纪晓岚不慌不忙念出了第二句：

九天仙女下凡尘。

顿时全场活跃、交口称赞，老夫人也转怒为喜。纪晓岚接着高声朗读第三句：

生个儿子去做贼。

满场宾客变成哑巴，欢悦变成难堪。纪晓岚喊出第四句：

偷得仙桃献母亲。

大家立刻欢呼起来。

乾隆皇帝得到一幅《百鹅图》，便召集翰苑近臣，为图题诗。群臣都怕不合皇帝的心意，不敢轻率动笔。唯独纪

《鹅》（清末民初 吴昌硕）

晓岚并无顾忌,挥毫疾书:

　　　　鹅鹅鹅鹅鹅鹅鹅。

一连七个"鹅"字,起句平平,没有诗味。接着又是一句:

　　　　一鹅一鹅又一鹅。

群臣窃窃私语,脸露讥笑。纪晓岚不屑一顾,挥笔继续写了下去:

　　食尽皇家千钟粟,凤凰何少尔何多?

此诗是讽刺大臣们像鹅一样平庸无能。乾隆皇帝看了哈哈大笑。

传说乾隆皇帝游江南时,有一天在江边赏景,见江面有一艘渔船乘风飞棹而来,兴之所至,即命纪晓岚用十个一字,写了一首七言绝诗:

　　一篙一橹一渔舟,一丈长杆一寸钩。
　　一拍一呼复一笑,一人独占一江秋。

细品此诗,十个一字用得多么得体,在我们眼前展现了一幅绚丽多彩的秋江鼓棹图。

还有一首无名氏的诗亦十分得体:

　　　一去二三里,烟村四五家,
　　　亭台六七座,八九十枝花。

一首五言绝句,才二十个字,数字从一写到十,占了一半,却丝毫不觉得枯燥。

宋湘才思敏捷,名噪京城。嘉庆皇帝想当面试试,便召见宋湘,说:"闻卿极有捷才,朕今考考你。朕说一句话,你可要把它念成七言诗,朕说完四句话,你那四句应联成一首绝句,如何?"宋湘答道:"臣不才,请一试。"嘉庆说道:"皇后昨夜生了个孩子。"宋湘念道:"吾皇昨夜降真龙。"嘉庆笑道:"是位女的。"宋湘念道:"月里嫦娥下九重。"嘉庆忽地拐个大弯道:"已经死了。"宋湘不慌不忙地念道:"想必人间留不住。"嘉庆又说:"水

第三章

诗词：韵律意境——汉字之雅

淹死的。"宋湘念道："翻身跳入水晶宫。"

> 吾皇昨夜降真龙，月里嫦娥下九重。
> 想必人间留不住，翻身跳入水晶宫。

四句合起来果然是一首好诗，嘉庆皇帝大喜，拍掌赞道："卿乃广东第一才子也。"从此，宋湘便有"广东第一才子"之称。

郑板桥任潍县知县时，有一天差役传报，说是知府大人路过潍县，郑板桥却没有出城迎接。原来那知府是捐班出身，光买官的钱就足够抬一轿子，肚里却没有一点真才实学，所以郑板桥瞧不起他。

知府大人来到县衙门后堂，对郑板桥不出城迎接，心中十分不快。在酒宴上，知府越想越气。恰巧这时差役端上一盘河蟹，知府想："我何不让他以蟹为题，即席赋诗，如若作不出来，我再当众羞他一羞，也好出出我心中的闷气！"于是用筷子一指河蟹说："此物横行江河，目中无人，久闻郑大人才气过人，何不以此物为题，吟诗一首，以助酒兴？"郑板桥已知其意，略一思忖，吟道：

> 八爪横行四野惊，双螯舞动威风凌。
> 孰知腹内空无物，蘸取姜醋伴酒吟。

此诗讽刺知府像螃蟹一样，虽然看起来"威风凌"，其实"腹内空无物"，知府听了十分尴尬。

《兰竹图》（郑板桥）

郑板桥"一肩明月,两袖清风",辞官回乡时,只带了一条黄狗、一盆兰花。一个细雨蒙蒙的寒夜,一小偷摸进了郑板桥的家门。郑板桥惊醒了,他坐在床上轻轻吟了一首打油诗:

　　细雨蒙蒙夜沉沉,梁上君子进我门。

　　腹内诗书存千卷,床头金银无半文。

小偷听后,便赶紧转身,准备越墙而走。这时,郑板桥又继续念道:

　　出门休惊黄尾犬,越墙莫损兰花盆。

　　天寒不及披衣送,趁着月亮赶豪门。

小偷细看,果然墙头有一盆兰花。于是细心地避开,飞也似地逃走了。

有一年冬天,郑板桥外出赏雪,路过一个亭子,见几个秀才正在饮酒吟诗。见到穿着寒酸的郑板桥,便拉他一起喝酒,还要他评判谁的诗好。郑板桥看了之后不置可否,秀才们就要郑板桥作一首。郑板桥笑了笑,看了看纷纷扬扬的大雪,随口吟道:

　　一片两片三四片,五六七八九十片。

秀才们听罢哄笑起来,笑他只会数数。笑声未绝,郑板桥又随口吟出两句:

　　千片万片无数片,飞入梅花都不见。

秀才们听后,哑口无言。郑板桥飘然而去。

第四章

谜语：精妙机智——汉字之巧

谜语故事是老百姓喜闻乐见的一种文字游戏形式——它包罗万象，上至宇宙星辰，下到针头线脑，皆可融入其中；它诙谐风趣，既可讥讽嘲喻，亦可娱人娱己；它雅俗共赏，无论贩夫走卒，还是高人雅士，都可从中找到属于自己的乐趣。最重要的是，谜语机智精巧，对于开发智力、拓展思维，极有裨益。

谜语最初起源于民间口头文学，是我们的祖先在长期生产劳动和生活实践中创造出来的，是劳动人民聪明智慧的表现。后经文人的加工、创新，有了文义谜。

远古时代，人们在进行语言交流时，偶尔会由于某种特别的原因，不便直截了当表达思想，而要通过拐弯抹角、迂回曲折的语言来暗示另一层内容，这就有了"谜语"的萌芽。到了春秋战国时期，这种谜语已十分流行，并有了名称，叫"廋辞"或"隐语"。

到了汉代出现了射覆活动，就是把东西放在器物下面让人猜。现在，我们有时候还把猜谜语叫作射覆，应该是源于此。谜语在魏晋南北朝时期有了重大发展。北朝刘勰《文心雕龙》中写道："谜也者，回互其辞，使昏迷也。"这一定义一直沿用至今。

谜语在宋代得到了迅速发展，诞生了"灯谜"（文义迷）。中华谜语从此开创了民间谜语和灯谜两条腿走路的新格局。到了明朝则出现了一些研究谜语的论著和收录谜语的专集，其中有冯梦龙的《黄山谜》，黄周星的《廋辞四十笺》及贺从善的《千文虎》等。

到了清朝中期以后，中华谜语进入成熟期，文义谜更是大行其道。人们追求谜语扣合的严谨，逐渐摒弃冗长拖沓的面句，崇尚以大众熟悉的成语或通俗语句为面，加上谜材由原先的文字、事物、人名扩展到诸子百家、四书五经，甚至俗语、中药、地名、书名等，极大地拓宽了谜路，促进了谜语的创作和普及。

第四章

谜语：精妙机智——汉字之巧

一、字谜篇

字谜，在我国有悠久的历史，流传面广，种类繁多，变化无穷。它在文人雅士中流行，也曾被政治斗争和图谶术数所利用。人们通过字谜这种形式，对楷体汉字进行了种种不依文字学原则的拆分离合，这种变幻莫测的形体离析，不仅突现了汉字本身所蕴含的形体结构特点，也充分表现了人们对汉字形体结构的直观认识。

《世说新语·捷悟》记载，杨修做主簿时，一次负责为曹操修建花园。在始构屋架时，曹操出来巡看，颇不中意。于是在花园门上题一个"活"字，不发一言就离开了。杨修一见此字，立即叫人把花园的门拆去重修。他说："'门'中加'活'字，就是'阔'字。魏王是嫌门太大了呀。"这件事传开之后，曹操的制谜之巧，杨修的辨谜之捷，都被人们传为美谈。

《三国志·吴书·张严程阚薛传》记载，蜀汉张奉出使吴国时，曾在孙权面前用字谜嘲笑尚书阚泽的姓名。阚泽不善此道，不能作答。张奉不免沾沾自喜，以为丢了吴国人的脸。这时吴国大臣薛综出席对答，说："我有一谜向先生请教：有犬为獨（独），无犬为蜀；横目苟身，虫入其腹。"这首谜诗处处扣住"蜀"字，张奉感到国名受辱，于是勉强答道："请再用这种方式比喻你们的吴国吧。"薛综应声答道："无口为天，有口为吴；君临万邦，天子之都。"于是众官员皆嬉笑，张奉自取其辱，尴尬异常。

武则天画像

唐武则天在位时，徐敬业集合扬州军队准备谋反，中书令裴炎在朝廷内部策应。结果谋事不密，反致泄露。朝廷在审讯裴炎谋反案时，只发现他给徐敬业的一封信，上面仅写"青鹅"两字。满朝文武皆迷惑不解，最后由武则天识破，说："此乃隐语。青者，十二月；鹅者，我自与也。"原来，"青"字可以拆成"十二月"三字；繁体的"鹅"字可以分离为"我自与"三字。裴炎是以此约定徐敬业十二月起义，他再从内部动手。自此，裴炎伏法，谋反事败。

《后汉书·五行志》记载，汉末献帝时，董卓擅权，颠乱朝纲，鱼肉百姓，引起人民的强烈不满，因而京城人民编制童谣："千里草，何青青。十日卜，不得生。"童谣中的"千里草"，合为"董"字；"十日卜"合为"卓"字；"何青青""不得生"是说董卓虽然威势赫赫，但总逃脱不了人民的惩罚。此歌巧妙地诅咒了这个专横跋扈、丧尽天良的当权者。

小说戏曲中使用的字谜，也常常成为整个故事情节的重要环节。唐朝李公佐写的传奇小说《谢小娥传》说，谢小娥的父亲与她的未婚夫外出被贼人所杀。

第四章

谜语：精妙机智——汉字之巧

谢小娥当夜就梦见其父说："杀我者，車（车）中猴，门东草。"又梦见其未婚夫说："杀我者，禾中走，一日夫。"此二语中隐含了凶手"申蘭（兰）""申春"二人的姓名。谢小娥破谜后，女扮男装，明察暗访，果然报了杀父杀夫之仇。这种以字谜为主要线索，锁定凶手，帮助破案的故事，构思甚为别致奇特，开后世字谜进入小说故事的先河。

《世说新语·捷悟》记载东汉名士蔡邕看过曹娥碑后，赞叹不已，在上面写了两句话："黄绢幼妇，外孙齑臼。"曹操看不懂，对杨修说："你就算知道了也不能说，让我慢慢想出来。"走了三十里，曹操终于知道是什么意思了，于是问杨修。杨修回答说："黄绢，是有颜色的丝，丝加色是'绝'字；幼妇，是少女的意思，也就是'妙'；外孙，是女儿的儿子，为'好'字；齑臼，是舂米的工具，舂米时被'辛'这种工具砸，乃是'受辛'，是个'辤（辞）'字。所以这句话的意思就是：绝妙好辞！"曹操听了之后，叹息说："我才不如你，相差整整三十里啊。"

《曹娥碑》碑文拓片（部分）

东汉光武帝时期有一本著名的历史书《越绝书》。此书不撰著者姓名,只是在书末以诗相代。诗曰:"以去为姓,得衣乃成。厥名有米,覆之以庚。禹来东征,死葬其疆。不直自斥,托类自明……文属辞定,自于邦贤。以口为姓,丞之以天。楚相屈原,与之同名……"此书由于没有写明究竟为何人所撰,所以它的作者一直不为人所知。直到明代,大文学家杨慎经过仔细推敲钻研之后,才知道此书作者为会稽人袁康、吴平。

原来诗中"以去为姓,得衣乃成",暗示一个"袁"字;"厥名有米,覆之以庚",暗射一个"康"字;"禹来东征,死葬其疆",是作者自述其为会稽人;"文属辞定,自于邦贤"暗指另一作者为同郡人;"以口为姓,丞之以天",暗射一个"吴"字;"楚相屈原,与之同名",暗喻一个"平"字(屈原名平)。此谜既解,《越绝书》也日益被人们重视,成为研究春秋、战国时期吴越地区的一本重要历史书籍。

宋朝的时候,江西有个名叫晏殊的才子,7岁的时候就能赋诗答对,素有"神童"之称。

晏殊14岁那年,有个朝廷大臣来到江南巡视,偶遇小晏殊,发现晏殊文思敏捷,才华横溢,于是就推荐他进京赶考。

晏殊画像

那年殿试,晏殊与来自全国各地的千余名考生一同考试。虽然年龄是最小的,但是他却从容不迫地答卷,挥笔成章。宋真宗看了他的答卷后,大加赞赏,于是召见了他,并出了个字谜让他猜,考考他的智力:"古月照水水长流,水伴古月度春秋。留得水光映古月,碧波荡漾见泛舟。"

第四章

谜语：精妙机智——汉字之巧

晏殊听后，思索了片刻回答道："这个字谜的谜底汴梁城里举目可见！这个字就是'湖'。"

宋真宗听后非常高兴，当即提笔一挥，赐尚未到弱冠之年的晏殊为同进士。

宋代诗人王安石很喜欢出谜题让人猜，有一次，他给朋友出了个字谜，谜面是：画时圆，写时方；冬时短，夏时长。朋友听后并没有直接答题，而是也出了个字谜，谜面是：东海有条鱼，无头又无尾，除去脊梁骨，就是这个谜。

王安石一听朋友出的谜面，就高兴地笑了起来，说朋友回答对了。原来两人说的是同一个字：日。

东方朔素来聪明机智，为汉武帝所喜欢。一次，上林这个地方给汉武帝献枣（棗），汉武帝见东方朔在旁边，就拿木杖击了一下未央宫前殿的上门槛，然后对着东方朔说："叱叱，先生束束。"这是什么意思呢？一般人听了莫名其妙，但对谙熟汉武帝脾气的东方朔来说，他很快就会意了，随即走上前去，说道："陛下是说上林献的枣儿一共四十九颗吧？"汉武帝大笑。

原来汉武帝的动作中，敲上门槛含"上"字，用木杖敲木槛，双木为"林"；"叱叱"含"七、七"二字，七、七相乘得"四十九"；两个"束"字合起来就是"棗（枣）"字。这几个字连起来就是东方朔对汉武帝的回答。

晚唐令狐绹镇守淮南时，曾游览大明寺，看到寺院西面墙壁上写着如下字样："一人堂堂，二曜同光。泉深尺一，点去冰旁。二人相连，不欠一边。三梁四柱烈火燃，除去双钩两日全。"跟随的幕僚皆不解其意，令狐绹细思半晌，才明白是"大明寺水，天下无比"八字。

南朝梁武帝时期，有个寺院与周围农家发生田地之争，双方互不相让，只好到官府去打官司。由于寺院的社会地位特殊，有关部门怕承担责任，最后竟

将这个案子一直推到皇帝面前。梁武帝草草看了案卷后，顺手在案卷上批了一个大大的"贞（貞）"字，交给有关部门办理。然而，经办部门却对皇帝的这个判词百思不得其解，几乎问遍了所有的人都得不到一个合理的解释。就在无计可施之时，有人突然想到时任尚书左丞的刘显。

在朝廷上下，谁都知道刘显是满肚子学问，而且脑子灵活。果然，刘显不负众望，他看了皇帝的朱批，不假思索地就道出了个中秘密：皇帝的意思是要把田地判给寺院。因为"贞"字可拆为"与上人"三个字，而"上人"是对僧人的尊称。经办人员这才恍然大悟，赶忙按皇帝的批示精神结了此案。

一次，苏东坡带几个侍女游山玩水，行至山脚，天热口渴。抬头一看，半山腰是一座经常往来的寺院。他找了一块青石板坐下，唤过侍女，让她戴上草帽，穿上木屐，到寺院取件东西。侍女问取何物，东坡不语。侍女只好来到寺院，和尚认识她是东坡家的侍女，问她何事，侍女只说苏东坡要她头戴草帽，脚穿木屐来取件东西。和尚想了想，头戴草帽，脚穿木屐，是个"茶"字，他立刻明白了，取出茶叶让侍女带回。

一年重阳，苏东坡邀请才子秦少游同往秋香亭饮酒赏菊。酒至半酣，苏学士问："贤弟才貌并秀，何以迟迟不择佳偶？"秦少游笑道："弟非草木，岂能无情。吾心中久慕一位窈窕淑女，只是难以启齿。"

秦少游沉吟片刻道："待小弟打一字谜请仁兄一猜。"说罢，即赋一词："园中花，化为灰，夕阳一点已西坠。相思泪，心已醉，空听马蹄归。秋日残红萤火飞。"

苏东坡一听，哈哈大笑。原来秦少游说的是一个"苏（蘇）"字，意指苏小妹。他于是穿针引线做红娘，成全了这桩美事。

第四章

谜语：精妙机智——汉字之巧

《虞美人》（秦少游）

北宋有一位书生甚为好学，他听说苏东坡是一位满腹文章的人，想前去登门求教，但又考虑到与苏东坡素不相识，生怕被拒之门外，不肯会面。因此，书生先写了一封信给苏东坡，想问明情况，然后再作主张。不久，书生接到苏东坡的回信，信上仅仅写了一个"筃"字，别无他言。书生一想，"筃"字分开，乃是"个个见"，于是笑逐颜开，收拾行李起程前往。

王安石有位朋友，过去经济很宽裕，后来却比较拮据了。王安石知道后，特地写了一首诗送他。其诗是：

弟兄四人两个大，一人立地三人坐。

家中更有一两口，任是凶年也好过。

王安石说："全诗猜射一字。你若能按这个字去行事，生活自然会有所好转。"朋友当即认真地猜想，终于恍然大悟：这是个"俭（儉）"字。

明朝有个姓刘的财主，有三个儿子，老大刘文、老二刘武、老三刘斌。刘

财主望子成龙心切,听说著名小说家施耐庵住在城里,春节过后便让三个儿子打点行装,前往城里拜师求学。施耐庵见了他们说:"想跟我学习不难,但我要考一考你们,谁聪明就收谁做弟子。"说罢,施耐庵发给三个孩子每人一张卷子,卷子上写道:"一女牵牛过独桥,夕阳落在方井上。"接到卷子,刘文赋诗,刘武作文,只有刘斌坐而不动。不多时,施耐庵来收考卷了,刘斌这才提笔在卷子中间写上"姓名"二字,交了张"白卷"。结果,施耐庵反只收了刘斌当弟子。原来,这是一个字谜,谜底就是"姓名"二字。

明朝的时候,有一位皇帝刚即位,他虽然想了一个年号,但又犹豫不决,便召近臣商议。其中一位臣子顺口吟了一首诗:

士本人间大丈夫,口称万岁旧山河。
一横永镇江山地,二直平分天下图。
加子加孙加爵禄,立天立地立皇都。
主人自有千秋福,月满乾坤照五湖。

皇帝听完此诗,高兴万分,就此决定启用这个年号。原来,这首诗正好是一则谜语,全诗猜两个字,这两个字又正好是皇帝欲取的年号:嘉靖。

一年元宵灯节,纪晓岚陪同乾隆皇帝来到文华殿猜灯谜。皇帝兴来,要纪晓岚出一谜联让他和大臣们猜猜。纪晓岚挥笔在大宫灯上写了一联:

黑不是,白不是,红黄更不是,和狐狼猫狗仿佛,既非家畜,又非野兽。
诗不是,词不是,论语也没有,对东西南北模糊,虽为短品,也是妙文。

乾隆皇帝和文武大臣们看后,想了半天,还是猜不出来。纪晓岚哈哈大笑,又在宫灯上题了两字:猜谜。大家这才恍然大悟。

从前有位书生嗜好喝酒,又善猜谜。有一天,他到杏花村酒楼饮酒。店老板想试试他的才学,便笑道:"我想出一个谜语给你猜,若猜中,请您饮酒,

第四章

谜语：精妙机智——汉字之巧

我分文不取；若猜不中呢，您可得加倍交费。"书生欣然应允。

店老板出一字谜道："唐虞有，尧舜无；商周有，汤武无；古文有，今文无。"

书生略一思索，便道："我将您的谜底也编成一谜：'听着有，看着无；跳者有，走者无；高者有，矮者无。'您看如何？"

店老板听了暗自钦佩，又笑道："您刚才的谜底似乎也可以用这个谜来解：'善者有，恶者无；智者有，蠢者无；嘴上有，手上无。'"

书生不假思索，立即答道："您刚才的谜，我还可以这么答：'右边有，左边无；后面有，前面无；凉天有，热天无。'"

店老板听了哈哈大笑，让伙计摆出满满一桌子酒菜，和书生把酒共饮起来。原来，他们说了半天，谜底其实都是同一个字：口。

王员外有一千金小姐，容貌盖世，文才超群，最喜欢作谜、猜谜。她的许婚条件之一就是能解开她作的谜语。好多求婚者都因解不开谜语而吃了闭门羹。

一天，有位公子登门求婚。这位公子人品端庄，举止文雅，只是不知文才如何。小姐便写了一个谜语，让丫鬟拿出来请公子猜。这谜语是一首小曲：

　　下朱楼奴只好焚香去卜卦，天明时还不见人儿归家，想玉郎全无一点实心话，罢罢罢欲罢不能罢，吾只得把口哑，论交情原本不差，皂谣歌遭了许多不白话，分离时心中如刀剐，鸠鸟儿一去不回家，才落得人一口独守灯花。

公子沉思半晌，写下"一、二、三、四、五、六、七、八、九、十"十个字，分别对应一句话，答出了这个谜语。

宋室南渡之后，秦桧专权，谗害忠良，百姓敢怒而不敢言。那年元宵，高宗赵构为了粉饰太平，下令百姓献灯。在形形色色的彩灯中，有一盏蟹灯特别吸引人。只见它大钳怒张，八足齐伸，活灵活现。奇怪的是在八只蟹脚的尖处各粘着一个字，连起来是："春来秋往，压日无光。"高宗站在灯前思索好一阵，也不知这八个字的含义。

这时，善于拆字的谢石已明白了，便在旁提示说："皇上，蟹乃横行之物，百姓以此献灯，必有深意。"赵构沉吟半晌，便令太监把蟹灯送给秦桧。秦桧收灯看到八个字后，勃然大怒，因没法找到献灯的人，竟借故把谢石贬谪到荒远瘴疠之乡，后来谢石死于贬所。

原来，"春来秋往，压日无光"即"春无日""秋无光（火）"，"春无日"为"夫"，"秋无光（火）"为"禾"，加在一起正好是个"秦"字，暗示秦桧有似螃蟹般的横行霸道。

灯谜图

明朝辛未年间，江阴举人袁舜臣赴京参加会试，临行前，他在马鞍上写了一首诗：

六经蕴藉胸中久，一剑十年磨在手。
杏花头上一枝横，恐泄天机莫露口。
一点累累大如斗，掩却半妆何所有。
完名直待桂冠归，本来面目君知否？

第四章

谜语：精妙机智——汉字之巧

开始，人们以为是一首平常的诗，只是不解其意。后为苏州举人刘瑊见到，一下就识破了"本来面目"。原来，这是一首诗谜，谜底是"辛未状元"四字。好事者向他请教，刘瑊解释道：六加一、十为"辛"字；杏除去口加一横为"未"字；"妆"掩去一半为"丬"，大字加一点为"犬"，合成"状"字；"完"去掉宝盖头为"元"字。

鲁班是著名的能工巧匠，他有许多门徒。有一天，他把门徒们叫来说："明天我要考考你们，你们一清早就上我家来吧。"第二天，徒弟们一早就到了鲁班家，但只见师傅的家门关得死死的，门上写着五个字："今日可不见。"工匠们议论纷纷，正准备散去，其中一个年龄最小的徒弟忽然说道："我们到河边去看看，师傅可能在那里。"大家怀疑地问他："你怎么知道师傅可能在河边呢？"小徒弟说："你们看，门上这五个字，'可'就是'河'字的边；'不见'两个字合在一起可看成是'觅'字。不是分明暗示我们今天到河边去寻找吗？"大家听了认为有一定道理，于是一齐到了河边，果然鲁班正坐在那里等着他们哩。

鲁班见了众徒弟，心里很高兴。接着，他手指着身旁的一堆梓木说："你们用这梓，做三日，要做得精。这就是我考你们的题目。"说完，便离开了众徒弟。

三天以后，徒弟们都各自拿着自己精雕的样板献给师傅。只见每个作品各具特色：生动形象的飞禽走兽，鲜艳夺目的花卉草木，十分吸引人。但是，鲁班看了没有一个中意的。这时，他最小的徒弟走了进来，手里捧着一个镶嵌得很精巧的小书架，书架的构造正好是一个"晶"字模样。当他恭敬地送到师傅手里时，鲁班哈哈大笑，赞赏地点点头，对其他的徒弟说："这才是我要求你们做的。一个工匠，不仅要有精巧的手艺，还要有一个机灵的头脑。你们都回去想一想，为什么都做错了？"

鲁班离开后，大家立刻围着小徒弟，询问原因。小徒弟说："师傅不是说

用梓做三日,做得精吗?'梓'是'字'的谐音,'精'是'晶'的谐音,三个日字不正是一个'晶'字吗?"大家这才恍然大悟。

秦少游是北宋著名的诗人。有一天,他惊闻老母逝世,悲痛欲绝,立即乘船还乡。船行于江心,水急浪涌。一群海鸥绕船盘旋,声声哀鸣。秦少游触景生情,随口吟道:"一条大船两根桅,九只海鸥绕船飞,六只停在桅杆上,两只落在船头尾,剩下一只孤零零,落在甲板淌眼泪。"这几句诗不仅描绘出秦少游当时的心情,而且恰好是一个字谜。你能猜出谜底吗?(谜底为"悲"字)

清朝末年,有个云游四方的道士。这道士知识渊博,能画一手好画,尤其酷爱猜谜。

一天,他来到京城。心想,人们都说京都里人才济济,我要亲眼见识见识。于是,他精心画了一幅画。画的是一只黑毛狮子狗。那狗画得栩栩如生,尤其那一身油黑发亮的皮毛,更是让人赞不绝口。道士来到闹市,把画悬挂在路旁,顿时招来许多行人看客。有人出钱要买这幅画。道士笑着说道:"我这画不卖,出多少钱也不卖。这幅画内藏有一字,要是有谁猜中,本人分文不要,白白将画送给他。"

众人一听,天下竟有这等便宜事,不花一文钱,白得一幅好画,于是争相猜射起来。可是猜了半天,谁也没有猜中。这时,只见一位老者,分开众人,走上前去,将画摘下卷好,也不言语,夹起就走。众人看了愕然,道士也上前问道:"老翁您还没猜呢?怎么就拿走我的画?"老人仍不吭声,还是往外走。众人也七嘴八舌地嚷开了:"嘿,先别拿画,你说出谜底是什么?"老人如同聋了一般,还是不吭声,只顾往前走。道人看到这里,不禁哈哈大笑道:"猜中了!猜中了!"你说说这位老翁为什么猜中了?原来,道士出的是一个画谜。画中的黑狗,隐喻着"黑犬"的意思。"黑"与"犬"一合成,就是"默"字。所以老人自始至终默不作声,难怪道士说他猜中了。

第四章
谜语：精妙机智——汉字之巧

明朝有个姓丰的翰林，喜欢开玩笑。有一次，一个宁波县令派人向他要一张药方，他随即写道："大枫子去了仁（人），无花果多半边，地骨皮用三粒，使（史）君子加一颗。"县令看罢笑道："他在嘲笑我们了。"原来这个药方中隐藏着"一伙猾吏"四个字。

青州东门皮匠王芬，家境逐渐富裕后，放弃了旧业，邻里们商量要赠他一个尊号。王芬听说后很高兴，摆了宴席，设了舞乐助兴，让大家给自己起个号。有个狡黠的年轻人说："叫'兰玻'行吗？"众人问有什么含义，年轻人说："他本名叫'芬'，而兰花多芬芳之气，所以叫兰玻，与名字相符合。"

王芬听了大喜，重重酬谢了这个年轻人。众人也没觉出有什么别的含义。后来慢慢思索"蘭（兰）玻"二字，才悟到可以拆成"东门王皮"。

明朝崇祯年间，冯梦龙任福建寿宁知县。冯梦龙为官清廉，关心民生疾苦。一次，冯梦龙化装成平民百姓漫游县城，见街口围着一圈人，走近一看，原来是一个自称张半仙的算命先生正在算命，骗人钱财。冯梦龙说："你自称半仙，看

邮票上的冯梦龙

来一定很灵。我有四句诗谜念给你听，猜猜看这是什么东西？"说罢，吟道："上无半片泥瓦，下无立锥之地。腰间挂着葫芦，满口阴阳怪气！"

张半仙一听，支支吾吾，收起卦摊溜了。冯梦龙的诗谜说的是个什么字呢？原来是个"卜"字。这样，通过一个字谜，冯梦龙把算命先生奚落了一番。

汉字文化的魅力

一天，苏东坡到妹夫家走亲戚。妹夫秦少游举办酒席，宴会上举杯祝酒，顺口吟出一首绝句，也是一则字谜："我有一物生得巧，半边鳞甲半边毛，半边离水难活命，半边入水命难保。"席间，苏东坡一听就附和，微笑着说："我有一物分两旁，一边好吃一边香，一边上山吃青草，一边入海把身藏。"这时，文思敏捷的苏小妹文脱口而出："我有一物生得奇，半身生双翅，半身长四蹄。长蹄跑不快，长翅飞不起。"他们三人说的都是同一字：鲜。

王安石打算身边再要个书童，可连着看了几个都不中意。这一天，家人又找来个书童，请王安石过目。王安石问了他几个问题，小家伙答得不错。王安石看他聪明伶俐，也没说什么，在纸上写了几行字，交给了家人："一月又一月，两月共半边；上有可耕之田，下有长流之川；一家有六口，两口不团圆。"家人看了，沉思了一会儿，终于明白了主人的意思，就把小家伙留下了。其实，王安石写的是个字谜，谜底就是一个字：用。

三国时期，文学家吕安和"竹林七贤"非常要好。

一次，吕安不远千里驱车来到河南修武看望"竹林七贤"之一的嵇康。不巧，嵇康外出了，只有嵇康的哥哥嵇喜在家。嵇喜是个德才不高的庸俗官吏，吕安素有耳闻，对他十分鄙视。因此，尽管嵇喜再三挽留，吕安拒不进门，只在门上写下一个大大的"鳳（凤）"字，然后微微一笑，登上车扬长而去。

嵇喜一看，以为是这位雅士夸赞自己日后能攀龙附凤步步高升呢，乐得手舞足蹈。嵇康回来后，嵇喜把这件事告诉了他，聪明的嵇康一看，笑笑说："他是在讽刺你呢。"经他一

青花瓷上的竹林七贤

第四章

谜语：精妙机智——汉字之巧

解释，嵇喜顿时感觉又羞又愧。

这是怎么回事呢？原来，"鳳"字分开是"凡鳥（鸟）"二字，吕安是借这个字来讽刺嵇喜庸俗无能。

大学士纪晓岚能诗善文，通晓经史，生性诙谐，常以奇言妙语谐谑权贵。

一次，和珅为示风雅，在官邸后花园建书亭一座，邀请纪晓岚题写匾额。纪晓岚平时听说和珅的几个宝贝儿子全是吃喝嫖赌、不通文墨的花花公子，便有意要作弄他们一下。于是，他挥笔写下"竹苞"二字。

和珅以为纪晓岚是取"竹苞松茂"之意，称赞他书亭四周的翠竹美景呢。于是乐呵呵地说："清高，雅致，妙不可言！"然后，令工匠将这龙飞凤舞的"竹苞"二字精雕细刻，镶于书亭之上。

一天，乾隆皇帝御驾亲临，见书亭匾额，大笑不已。和珅瞠目结舌，非常不解。乾隆解释说："和爱卿，这是纪晓岚在嘲笑你家的宝贝儿子呢！"

和珅听了，恍然大悟，直骂自己糊涂。

原来，"竹苞"二字拆开来读，则是"个个草包"的意思。纪晓岚是在讽刺和珅的儿子们胸无点墨、不学无术呢。

二、事物篇

所谓事物谜，就是用日常生活中的事和物编成谜语，大都起源于民间，采用生动形象的比喻。事物谜的特点是谜面具有谜底的形象和用途的特征，通俗易懂，只要稍一联想就能猜中。

一天，秦少游和苏氏兄妹在一起闲谈，忽听从远处传来一阵木匠做活的声音。秦少游灵机一动，说出一个谜语："我有一间房，半间租给转轮王，有时射出一线光，天下邪魔不敢当。请猜一木工用具。"

木工墨斗

苏小妹想了一会儿，说："我有一只船，一人摇橹一人牵，去时拉纤去，归时摇橹还。"

苏东坡也笑着说："你们两个一个有房，一个有船，愚兄寒酸了。我有一张琴，一根琴弦腹中藏，为君马上弹，弹尽天下曲。"

第四章

谜语：精妙机智——汉字之巧

苏氏兄妹和秦少游同时大笑起来，原来三人的谜是同一个谜底，即木工画线时用的墨斗。

明朝爱国将领于谦，少年时就很有才气，他写过一首喻物诗：

千锤万击出深山，烈火焚烧若等闲。

粉身碎骨全不顾，要留清白在人间。

据民间传闻，说此诗写成后，于谦为了试试两个书童的智力，先没写标题，让他们根据诗意，去采购此种物品。书童一时没猜透，第一个以为是喻诗书；第二个以为是每句各射一物，共射石板、铁器、面粉、豆腐四物。于谦见他们没有猜出，这才写上了标题目：石灰。

有一年春节，杭州西湖总宜园举行灯谜盛会，吸引了许多游客。刚巧，徐渭路过园门口，只见一群人拥挤在大门口，在对一副对联谜。好多文人雅士挠头搔耳，苦苦思索，一时对不出下联。徐渭上前一看，只见上联写着："白蛇过江，头顶一轮红日。"下面还写着："打一日常用物，并用一谜对下联。"

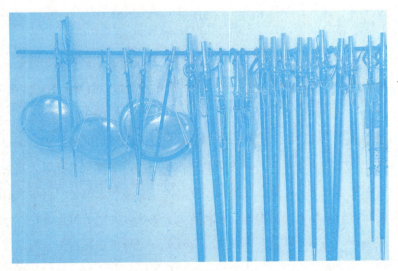

杆秤

徐渭微微一笑，觉得谜底虽然平常，但要同样用一谜对下联，感到一时难以作答。忽然，他望见门房墙上挂着一物，灵机一动，便写出了下联："乌龙上壁，身披万点金星。"

其实，这副对联说的就是两件日常用品，上联是说蜡烛，下联是说杆秤。

有位老人，他有三个又聪明又孝顺的儿媳妇。这年农闲季节，三个媳妇都准备回趟娘家。临行前，老人把她们叫到跟前，对大媳妇说，你给我带个"纸包火"回来；对二媳妇说，你给我带个"纸包风"回来；又对三媳妇说，你给我带个"纸包水"回来。

三个媳妇笑容可掬地点头告别老人，回娘家去了。几天后，她们带回来老人要的东西。你能猜出分别是什么吗？（分别是：灯笼、纸扇、油篓）

古时候，有个聪明过人的秀才，善于猜谜和制谜。某天，有人想和他比个高低，便找上门来，出了一则谜语："卧也坐，行也坐，立也坐，坐也坐。"要求猜一动物。

秀才听后，没有立即说出谜底，反倒也出了一则谜语给那人猜："坐也卧，行也卧，立也卧，卧也卧。"也猜一动物。

那人想了很久也想不出来。秀才提示说："我的谜底能吃你的谜底。"那人听了脸都红了，顿时恍然大悟。原来他的谜底是青蛙，而秀才的谜底则是蛇。

唐穆宗长庆二年（822年），冬雪纷飞，覆盖江南。这时，年已半百的白居易到杭州担任刺史才一个月。他听说自己手下的两名武官被狂风大雪封锁在城外山寺中受冻挨饿，心里很是惭愧不安，于是立即叫人准备了两件大衣和酒饭，又赶回官邸从自家书房取出一盒精致灵巧之物，并附了首小诗："两国打仗，兵强马壮。马不吃草，兵不征粮。"派员一路冒雪送往古刹。两武官一见大喜，穿上厚厚的棉大衣，边吃边乐呵呵地摆开阵势，相互"斗"了起来。原

第四章
谜语：精妙机智——汉字之巧

来白居易送过来的是一副象棋。

　　元朝的王冕因家里贫穷，10岁时母亲含泪送他到本村一家地主家去放牛。王冕聪明伶俐特别喜欢画画，经常是一边放牛一边用树枝在沙地上画荷花，画青蛙，画小鸟。一天，地主外出散步，忽然发现了王冕在画画，他老鼠眼一转，阴阳怪气地说："你给我马上画件东西，画不出来就别再吃饭啦！"接着便摇头晃脑地念起来："小小一条龙，须长背又弓，生前没有血，死后浑身红。"但是，王冕并没有被地主吓倒，他立即把这东西给画了出来。聪明的读者，你知道王冕画的是什么吗？（谜底为：虾）

《墨梅图》（王冕）

　　王安石访友，作诗曰："两个伙计，同眠同起，亲朋聚会，谁见谁喜。"王安石又访友作诗曰："两个伙计，为人正直，贪馋一生，利不归己。"王安石复又访友作诗曰："两个伙计，终身孤凄，走遍天涯，无有妻室。"王安石三首诗隐射同一物，聪明的读者，你能猜中吗？（谜底为：筷子）

算盘

一天,南宋女词人李清照与丈夫赵明诚正在家中研究古诗词,进来邻居鲁二婶,说要借一样物品。李清照问她借什么,鲁二婶往书桌上指了指,笑着说:"一宅分两院,两院人马多;多的比少的少,少的比多的多。"李清照听了随口答道:"弟兄七个,一个模样;老大老二,高高在上;五个小弟,隔着大墙;总是打打,进出忙忙。"说罢,把那件物品递给了鲁二婶。

现在,请你猜猜,鲁二婶借的是什么物品?(谜底为:算盘)

有一户人家,父子说话含蓄幽默。新年快到了,父亲高高兴兴地把儿子叫来说:"你在外面玩什么?"

儿子说:"阶下儿童仰面时,清明装点最堪宜,游丝一断浑无力,莫向东风怨别离。"

父亲听了,知道是儿子玩的风筝断线飞走了,说:"明天我再给你做一个。你到街上帮我买样东西来。"

儿子问:"买什么东西?"

父亲说:"能使妖魔胆竟摧,身如束帛气如雷,一声震得八方孔,回首相看已化灰。"

儿子立刻到街上买来了父亲所要的东西:爆竹。

有这样一首谜语词:想当初,绿鬓婆娑。自归郎手,青少黄多。历尽了多少风波,受尽了多少折磨。莫提起,提起清泪洒江河。

作者似在哀叹童养媳的悲惨命运,可谜底却是撑船用的竹篙。作者不言竹篙,也不言竹子从青枝绿叶到骨瘦肌黄的"辛酸史",很容易使人想到与之"形神俱似"的童养媳。这首题为《竹篙》的词的内在韵味令人拍案叫绝,让人感叹词人的绝妙构思。

第四章
谜语：精妙机智——汉字之巧

三、谐趣篇

苏东坡自嘲"不合时宜"，蒲松龄大骂"一窍不通"……所谓文人雅趣，以文字为工具，或自讽，或讽人，对错且不论，但诸多滑稽幽默之事中，亦不乏智力游戏之趣味，姑妄读之，姑妄猜之吧。

蒲松龄塑像

清朝著名文学家蒲松龄，连试不第，只好靠教书为生。有个财主望子成龙，慕名请蒲松龄去当塾师。教书三个月，临近春节，蒲松龄便要告辞。财主问："吾儿文章如何？"蒲松龄回道："高山响鼓，闻声百里。"财主又问："吾儿在易、礼、诗诸方面不知长进如何？"蒲松龄应道："八窍已通七窍。"说罢便启程返家。财主赶去衙门，将这喜讯告诉当师爷的胞弟。师爷说："大哥，你让

那教书匠戏弄了。"你知道蒲松龄的话是何含意吗？（谜底为：不通，不通，一窍不通！）

明朝时期有个横行霸道的县令，总是鱼肉百姓，百姓早就对其恨之入骨。这个县令竟然还妄想自己能够长生不老，于是就让李时珍为自己开滋补的药方。李时珍非常看不惯这个县令的嘴脸，于是就想捉弄一下这个县令，挥笔在纸上写道："柏子仁三钱，木瓜二钱，官李三钱，柴胡三钱，益智二钱，附子三钱，八角二钱，人参一钱，台乌三钱，上党三钱，山药三钱。"写完之后就立刻告辞，拂袖而去。

县令看着药方非常高兴，想象着自己喝完补药后的英姿，于是迫不及待地派人到药铺抓药。药铺老板颇通文墨，按着药方称完药就琢磨出了药方中暗藏的奥秘，于是就将这个奥秘告诉了前来抓药的人，说："这药方是咒县令大人快死……"

下人回府后立刻禀报了县令："这副药方运用了谐音双关法，读起来就是，柏木棺材一副，八人抬上山。"县令一听，气得从座椅上跳了起来，连呼上当。

有一天，苏东坡在花园散步，忽然灵机一动，拍拍肚子问丫鬟："你们猜猜看，我腹中都有什么？"

一个丫鬟说："老爷，您是满腹诗文。"苏东坡听了摇头表示否认。

另一个丫鬟说："我知道了，老爷呀，您是满腹心机。"苏东坡听了苦笑道："假如我满腹心机，早就当上大官了。"

丫鬟们都猜不中，就请苏东坡提示一下。苏东坡想了想说："那好吧，我出个谜语给你们猜。"于是在地上写了一个"守"字，并说："你们猜吧。'守'字可打一四字成语，猜对了，便知道我肚子里有什么了。"

这时苏东坡的侍妾王朝云笑了起来。原来"守"字只有"时"字的右半边和"宜"字的上半边，合起来就成了一句成语"不合时宜"。苏东坡是在自嘲

第四章

谜语：精妙机智——汉字之巧

自己的见解不合时宜啊。

有个县令将他儿子狗屁不通的文章给祝枝山看，硬要他挥毫题词。祝枝山无奈，只得提笔作书。写罢，县令一看，是两句唐诗："两个黄鹂鸣翠柳，一行白鹭上青天。"旁边还写着：打成语两个。

底下人纷纷奉承："上一句是'有声有色'，指公子文章精彩；下一句是'青云直上'，指公子前途无量。"说得县令乐不可支。

祝枝山在一旁笑了起来："谜底我已经写在令郎大作的右下角了。"说罢，扬长而去。县令急忙寻找，发现右下角果然有两行小字，一看，气得半晌说不出话来。那两行字是：不知所云，离题（地）万里。

祝枝山手书扇面

清代，以诗、书、画著称的郑板桥，早年生活在扬州。他虽说家中并不富裕，却常常拿卖画得来的钱周济那些贫寒的百姓。

一次，郑板桥去扬州南门外的文峰塔游玩。走到南门街，看见一户人家贴了一副蹊跷的对联。上联写着：二三四五；下联写着：六七八九。郑板桥皱眉一想，急忙返回家去，从家里拿着东西，进了贴对联的这家。这家主人一看，郑板桥送来的东西，正是自己需要的，非常感激，问道："您是怎么知道的？"

郑板桥说:"我一看门上的对联心里就明白了。"

你知道对联上写的是什么意思吗?(谜底为:缺衣少食)

杭州西湖湖心亭有一石碑,碑上是清乾隆手书之"虫二"。湖心亭在西湖中,初名振鹭亭,又称清喜阁。初建于明嘉靖三十一年(1552年),明万历后才称湖心亭。此亭于1953年重建,一层二檐四面厅形制,金黄琉璃瓦屋顶。昔人诗云:"百遍清游未拟还,孤亭好在水云间。亭阑四面空明里,一面城头三面山。"说的就是湖心亭的景致,"湖心平眺"为古时候西湖十八景之一。传说当年乾隆下江南,夜游湖心亭,被美景吸引,便题下了"虫二"二字,寓意"风月无边"。这两个字取自繁体字"風月"二字的中间部分,把外框去掉,变成"虫二"。

乾隆手书"虫二"碑

苏东坡和袁公济是同科出身的好朋友。有一年,他们同在杭州做官,袁公济深知苏东坡是个全才,对联、猜谜也都是一把好手,一般的谜是难不倒他的。

有一次,他们在外踏雪赏景,这时路上的积雪已有一寸多厚了,袁公济便说道:"我有一谜,想请教,不知你能否猜得?"苏东坡一听便说:"赏雪猜谜,也是一件雅事,请出谜面。"

袁公济说:"雪径人踪灭,打半句七言唐诗。"

苏东坡一听,不觉暗暗吃惊,心想到,天下猜谜哪有猜半句诗的道理,而且是半句七言诗,三个字还是四个字呢?也许三个字、四个字都不是,而是七

第四章

谜语：精妙机智——汉字之巧

个字的一半（纵剖），或三个半字。尽管苏东坡熟读唐诗，此时却无从下手。这时，他俩一路向龙泓寺走去，突然，路旁的树林中飞出了一群小鸟，排成了一线向着远天飞去。苏东坡不觉心里一亮，再仔细一想，含笑点头，心里暗暗称赞袁公济的半句诗谜做得巧。但是，他却不想马上把谜底说穿，也想趁此机会难一难袁公济，便指着远远飞去的鸟对袁公济说："公济，你看天上的景色，我现在也请你猜谜，谜面就是'雀飞入高空'，也打半句七言唐诗。"

袁公济一时还没有理出头绪，反而被弄懵了。苏东坡又说道："你猜出了我的谜，我也就猜出了你的谜了。"过了一会儿，苏东坡便俯下身子，在雪地上竖直写了一句七言唐诗：一行白鹭上青天，并在"鹭"字的中间拦腰一划，然后说："你的谜底是上半句——一行白路；我的谜底是下半句——鸟上青天。"

袁公济见说后，拍手大赞说："子瞻，我明白了，明白了，你真是天下第一奇才，佩服，佩服！"

隋炀帝大业十四年（618年），宇文化及在江都逼杀炀帝。此时，杨义臣正隐于雷夏泽，想起化及之弟宇文士及乃自己的结义兄弟，日后事发，必遭灭族之祸。于是打发家人杨芳送去一瓦罐。士及打开瓦罐封皮一看，里面只有两颗枣子和一只糖制成的乌龟，一时摸不着头脑。他年方17岁的小妹淑姑自小聪明伶俐，对瓦罐中的两件物品端详一会儿道："这哑谜儿也没有什么难猜之处，分明包含着'早早归唐'（枣枣龟糖）之意。"宇文士及恍然大悟：原来杨义臣怕我受哥哥连累，劝我早日投降唐王李渊，好免灾祸。但我又该怎样用一件器物作隐语，表明自己愿意投靠大唐的意思呢？淑姑已明白哥哥的意思，便说道："妹子想出了一个回答的方法。"便捧出一个漆盒，里面藏着一只纸鹅儿，鹅颈上挂着一个小小渔网，网上竖着一个算命先生的招牌。宇文士及看了十分诧异，问此是何意。淑姑便在他耳边低低说了几句，士及连声称妙，便将漆盒封固，付与杨芳回去复命了。杨义臣打开漆盒一看，想了会儿笑道："原来是'我谨遵命'（鹅颈遵命）。"

汉字文化的魅力

明初,江西有个知府,姓甘名百川,人称五道太守。上任不久就露出了贪官本相,到处伸手,明抢暗夺,搜括民财。这一年元宵节,当地百姓用白纸糊了一只旱地莲船,游行上街。船前面两只人扮的狮子,口里衔着一个大元宝。船旁站着五个道士,都歪戴着帽子。中央一个道士举着一根发黄竹竿,仅竿头上有点青色。这样一支离奇的队伍,缓缓地穿过闹市,引来了许多闲人,看了都捧腹而笑。

原来,这是一出讽刺剧,一首隐语诗,一则哑谜。它暗藏着四句话:"好个干白船(甘百川),两狮(司)都咬(要)钱。五道冠(官)不正,一竿(甘)青(清)不全。"百姓就用这一形式,巧妙而又辛辣地揭露了甘百川的贪赃枉法。

有个渔行的老板,非常小气。他家里的金银财宝多得用不完,却还处处占便宜,人送外号"蜡烛头"。但这位老板却颇爱附庸风雅,一天他跑到徐渭那里,硬缠着徐渭给他起个雅号,给他的书房定个名。徐渭无法拒绝,思考了一会儿,提笔为他题名"海山先生",书房题名为"衡玉房"。

不久,徐渭的几个朋友来访,谈起此事,大家都对徐渭不满。徐渭笑道:"此事另有玄机。你们看看一对蜡烛,一支上面写着'福如东海',另一支上面写着'寿比南山'。蜡烛点着,剩下的蜡烛头上不就是一个'海'字、一个'山'字吗?至于那'衡玉',也并不难理解。'衡玉'二字拆开,不就是'鱼行主'三个字吗?放在一起,其实就是蜡烛头、鱼行主的意思。"大家听了都会心一笑。

《墨葡萄》(徐渭)

第四章

谜语：精妙机智——汉字之巧

有个花旦攀上了戏霸，发了横财，建造了一幢厅堂大屋，还请当地的一个秀才题写了个堂名——旦白堂。花旦不知何意，就问秀才，秀才解释说："周朝的周公旦辅佐周成王治国有方，清白一世，是有名的相国。你与他相比，也不逊色，'旦白堂'也正是此意。"花旦听了大喜，重谢了秀才，并四处炫耀。

一天，花旦家里来了一个懂文墨的客人，花旦请他四处观看。谁知那客人看后不言不语，只是冷笑。花旦不解地问客人，客人就向花旦解释说："你是唱戏的，又是在台上唱花旦的，上台第一句道白是什么？"花旦说："我上台第一句道白不是'奴家'，就是'哀家'！"客人说："这不成了'奴家堂'或'哀家堂'了吗？"

花旦一听，气得脸孔煞白。

吴门人张幼于，有文才，好开玩笑。一天张幼于与人相聚饮酒，正好来了几个闯席的朋友，幼于便假装关了门，写了一条谜语贴在门上，对外面的人说："猜中了，才允许进门。"谜语说："老不老，小不小；羞不羞，好不好。"众人都猜不中。

有个叫王百谷的猜道："太公八十遇文王，老不老；甘罗十二为丞相，小不小；闭了门儿独自吞，羞不羞；开了门儿大家吃，好不好？"张幼于听了大笑，开门迎客。

一个在外谋生的人托同乡带给妻子一封信和一包银子。那个同乡悄悄打开了信，看到里面只有一幅画，画面上有一棵树，树上有八只八哥，四只斑鸠。他一想，信中并没有写多少银子，于是便将银子偷偷扣了一半。谁知见到朋友的妻子后，朋友的妻子拿着信讲："咱们办事要老实啊！我丈夫托您带一百两银子，为什么只有五十两了？"

你能猜出她凭什么知道了原来有银子一百两吗？（答案：八只八哥，八八六十四；四只斑鸠，四九三十六，加起来正好一百。）

第五章
书法：形体结构——汉字之美

书法，作为中华民族独有的文字艺术，古老悠久而又生机勃勃。它是汉字形体结构之美的代表，最能体现出个人修养、个性魅力和时代精神。只有含蓄隽永、机敏睿智的炎黄子孙，才能将这独具特色的方块字演绎得如此风姿俊秀。

书法是中华民族的一门古老的艺术,探其源约有三千年的历史。汉字连同书法一起辐射到周边国家,如朝鲜、日本、马来西亚、新加坡、越南,形成了一个强大的汉字文化圈,成为东方文化的精髓。书法也成为东方艺术的典范。

和其他文字不同,汉字一开始就是从自然物象中演化而来的。我们的先民最初将所看到的东西用简单的线条描绘下来,成为一幅幅小图画,用来记事和传达思想、语言。而这一幅幅小图画,再演变成一个个的方块字,先天上就带有了美感,所以汉字从产生之初就自觉不自觉地按照审美的原则来创造,一个字本身就是一幅仪态万方的抽象画。

然而汉字之所以能够成为书法艺术的素材,还在于汉字的象形超越了被模拟的客观对象而获得了独立的符号意义。在这一超越过程中,正是这种对线条变化的不同理解、吸收和创造,从而产生了不同的字体和书写方式。同一个文字,不同的字体、不同的人都有不同的写法,这才使得文字的形式有了独立的审美价值,为文字造型提供了表现的天地。

另外,汉字成为书法这一演变过程中,有文字自身的特点作为创作根基,同时也因文人士大夫这一特殊阶层的参与而获得了文化灵魂。这些参与者的审美意识以及他的性格、学识、阅历等诸多方面会自觉不自觉地融入书法中去,使书法具有气韵、神采、意境,成为书家精神世界的外在表现,这才使得汉字逐渐完成实用性和欣赏性的功能分离,成为我们所独有的书法艺术。

我国的书法艺术源远流长。总体上,可将唐代的颜真卿作为一个分界点。在他之前,是"书体沿革时期",它以秦朝小篆出现为先河,经两汉时期的不断变革和创新,而在魏晋趋于稳定,在唐代发扬光大。这个时期的书法发展,主要表现为书体的沿革,书法家艺术风格的展现往往与书体直接相连。而在颜真卿之后,则是"风格流变时期",此时无须再创新的字体,书法家们对书法的探究日益精微细化。宋、元、明书法以晋唐法度为契机,不断创造新技法和新意境,涌现出丰富多彩的个性风格和书艺流派。清代书家广泛汲取前代书法养料,崇尚北碑之学,熔凝出新的风格。

第五章

书法：形体结构——汉字之美

一、名家篇

书法是中华民族的国粹，上千年来无数文人雅士为之倾倒，不断探索。因为它不仅需要大量的技巧和高超的判断力，而且还被当作书写者品性、学识最绝妙的呈现，这就是所谓的"字如其人"。由此，在我国历史上，涌现出了无数风格迥异而又各有特色的书法名家。

西汉大臣萧何协助刘邦建立了汉王朝，因为他的功绩大，刘邦就封他为酂侯，后来又升他做相国。萧何的字写得非常好，尤其擅长用秃笔在牌匾上写字。有一次，有人请萧何为一座新砌成的宫殿题写一个殿名，萧何苦思冥想了三个月后，才动笔写。写的那天，有人听说萧何想了三个月才动笔写，都从很远的地方赶过来看。只见萧何如同带兵打仗一样，手腕的变动好像是在指挥千军万马，写出来的字好像他所带领的文臣武将，每一个字都那么有气势，在场的人无不为他精彩的挥毫泼墨所深深折服。

师宜官，南阳人。汉灵帝喜爱书法，征召天下善书法的人集于鸿都门，有几百人。这些人中，师宜官的八分书法是最好的。大的，一个字的直径可达一丈；

小的，在一寸见方的一片竹简上，可书写一千个字。师宜官恃才傲物，好饮酒。有时空手去酒店，在酒店的墙壁上书字出售，招来许多人围观。若卖给他酒，可以多出售给你几个字，否则就铲掉墙上的字。后来，为袁术制作《钜鹿耿球碑》。时人评说：师宜官的书法，如鲲鹏展翅未收，凌空而降，翩翩落下。

东汉，张芝，字伯英，生性热爱书法。他家里做衣服用的布帛，都先用来练习书法然后再蒸蒸洗染。张芝擅长写隶书，尤其擅长写章草。韦诞称他为"草圣"，说"崔肉张骨"，称赞张芝草书风骨的不凡。张芝的隶书工夫非凡，章草更是达到极致，出神入化，让世人赞叹。

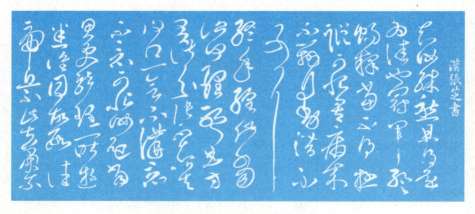

草书《冠军帖》（部分）（张芝）

东汉蔡邕字伯喈，陈留人，身材高大伟岸，相貌英俊不凡，知识渊博，既能绘画又通晓音律，天文术数无所不通，而且写一笔好字。他的篆书、隶书，可称得上是绝世之作。蔡邕尤其善于书写八分字，字形结构多变，深谙其中的奥妙。蔡邕又创造了飞白字的写法，精妙绝伦。他书写的八分飞白出神入化，大、小篆书达到神妙的境界。蔡邕去嵩山学习书法，在一个石室里得到素书一部，八角放光，用篆书记载着李斯、史籀书法用笔的态式、构造。蔡邕得到这部书后，高兴得一天没吃饭，大喊大叫。蔡邕将这部书研读了三年，深得书中

第五章

书法：形体结构——汉字之美

的精髓，使他的书法达到极高的造诣。蔡邕书写"五经"，放在太学中，去观赏的人像集市上的人一样多。蔡邕的书法，风骨不凡，气韵灵动，超凡脱俗，是神妙的艺术品。

关于飞白书的来历亦颇为有趣。

蔡邕不是一个闭门读书、写字的人，他经常出门旅行，为的是捕捉灵感，丰富阅历。这一天，他把写好的文章送到皇家藏书的鸿都门去。那儿的人架子挺大，谁来了都得在门外等上一阵子。蔡邕等待接见的时候，有几个工匠正用扫帚蘸着石灰水在刷墙。他就站在一边看了起来。

一开始，他不过是为了消磨一下时光。可看着看着，他就看出点"门道儿"来了。只见工匠一扫帚下去，墙上出现了一道白印。由于扫帚苗比较稀，蘸不了多少石灰水，墙面又不太光滑，所以一扫帚下去，白道里仍有些地方露出墙皮来。蔡邕一看，眼前不由一亮。他想，以往写字用笔蘸足了墨汁，一笔下去，笔道全是黑的。要是像工匠刷墙一样，让黑笔道里露出些帛或纸来，那不是更加生动自然吗？想到这儿，他一下来了情绪，交上文章，马上奔回家去。

蔡邕回到家里，顾不上休息，准备好笔墨纸砚。想着工匠刷墙时的情景，提笔就写。谁知想起来容易，做起来就难了。一开始不是露不出纸来，就是露出来的部分太生硬了。可他一点儿也不气馁，一次又一次地尝试。终于，他在蘸墨多少、用力大小和行笔速度各方面，掌握好了分寸，写出了黑色中隐隐露白的笔道，使字变得飘逸飞动，别有风味。

蔡邕独创的这种写法，很快就被推广开来，被称为"飞白书"。直到今天，还被书法家们应用。

蔡邕书《熹平石经》拓片

汉末三国时期的钟繇,字元常,是书法名家,常跟曹操、邯郸淳、韦诞等人一起谈论书法。一次,钟繇向韦诞借《蔡伯喈笔法》看看,韦诞没有借给他。钟繇生气捶胸,口吐鲜血。韦诞死后,钟繇命人盗掘他的坟墓,终于得到了这部《蔡伯喈笔法》。从此,钟繇的书法日见长益,更趋精妙。钟繇全神贯注地研习书法,有时躺在床上用指书写,常常将盖在身上的被子穿破。有时上厕所,竟然忘记出来。他看到各种物件都想到书法,试图将它们书写描画下来。

《宣示表》(钟繇)

晋代的卫铄,是我国历史上第一位女书法家,是"书圣"王羲之的书法老师,人们称她为"卫夫人"。

卫夫人的祖父、叔父都是当时有名的书法家。有一次,卫夫人向叔父要求学习书法,叔父不以为然地拒绝了,卫夫人很不服气。从此,每当叔父写字时,她就凑上去看,然后再躲进自己房间里偷偷地练习。后来,叔父发现她决心很大,就正式教她学习书法。卫夫人在叔父的指导下,更加刻苦勤奋地学习,终于成为我国第一位女书法家。

第五章

书法：形体结构——汉字之美

东晋的王羲之，7岁时就擅长书法。12岁时，在他父亲床头看到一部前代人谈论书法的书《笔说》，就悄悄取出来读。他父亲发现了，从此开始教他书法，并为他聘请老师。他的老师卫夫人第一次见到王羲之的作品，就高兴得流泪说："这孩子将来一定能超过我！"

王羲之33岁写《兰亭序》，37岁写《黄庭经》，都是名耀千古的神作。他的书法千变万化，无论行书、草书、隶书都出神入化。他的妻子郗氏也写一手好字，七个儿子也都是书法名家，其中最有名的是王献之。

《黄庭经》（部分）（王羲之）

王献之，字子敬，是王羲之的第七个儿子，尤其擅长书写章草。王献之五六岁时学习书法。一次，父亲悄悄走到他身后用力拔他的笔，拔不下来，赞叹他说："这个孩子在书法方面，将来一定会成大名的。"于是，亲手书写《乐毅论》给王献之，让他效仿临摹。王献之很快就临摹得达到以假乱真的程度。

王献之写的小楷，字的结构严紧缜密，一点也不比他父亲王羲之差。至于大楷则特别僵直而少变化，不可跟他父亲相提并论。唯有行书、草书造诣颇高，气韵飘逸，很少有人能及得上他。其他各种书体，多数都逊于他的父亲王羲之。总而言之，父子二人的书法就像兄长与小弟之间一样，差距不大。王献之隶书、行书、草书、章草、飞白五种书体，都达到出神入化的境地，是精妙的艺术品。他的八分字写得也非常漂亮。

王献之曾给晋简文帝书写了十多张纸书，在末尾落款处表示：下官这些作品很合乎书法的法度，愿您保存。这些书法作品被晋朝的权臣桓玄视为至宝。桓玄钟爱王羲之、王献之父子二人（以下简称"二王"）的书法作品，达到爱

《中秋帖》（王献之）

不释手的地步。他编选的"二王"的绢和纸书作品，都是挑选正楷、行书中的上乘之作，结成一册，经常将它放在身边，不时拿出把玩欣赏。后来桓玄造反失败，向南逃亡，尽管狼狈却还将这些书法作品带在身边。直到他最后死亡，"二王"的这册书法作品陪伴他一块儿沉没在江里。

王僧虔年轻时就写得一手好字，尤其擅长隶书。南朝宋文帝在一次偶然机会见到王僧虔的一幅白绢扇面书法，赞叹不已，说："这不只是超过了王子敬（献之），其骨力内涵，外貌风仪更不一般，不可小看。"王僧虔是晋代三朝宰相王导的五世孙，而著名大书法家王羲之、王献之，则又是王导的从子、从孙。王僧虔的书法是有其家学渊源的。他不仅继承了家族的传统，字写得好，而且对书法理论也有自己独到的见解，曾著《书论》一篇。

欧阳询为唐初四大书法家之一，他的书法人称"欧体"，对后世影响很大。当时的高丽国特别喜爱他的书法，派使臣请他去。唐太宗叹息说："没想到欧阳询的书法名声竟然传到了夷狄。"

欧阳询一次出行，见到一古碑，是索靖的书法，他停下马看了很长时间才离开，走了几步之后，又回来下马站在那里观看。累了就坐下来看，晚上就睡在旁边，一直看了三天才走。

唐朝张旭的草书深得用笔之法，他自己以继承"二王"传统为自豪，字字

第五章
书法：形体结构——汉字之美

有法；另一方面又效法张芝草书之艺，创造出潇洒磊落、变幻莫测的狂草，其状惊世骇俗。张旭说："我最开始看到公主与挑担夫争路，而得到笔法的意境；后来见到公孙大娘舞剑而得到笔法的神韵。"他喝醉了就写草书，挥笔大叫，甚至用头蘸墨水而写，写出的草书神妙非常，不可复得，当时人都称呼他为"张癫"。后世人评说唐初的四位书法家欧阳询、虞世南、褚遂良、薛稷的书法优劣，谁好谁坏各有争论，但说到张旭，没有不认同的。

唐朝文宗皇帝曾向全国发出了一道罕见的诏书：李白的诗歌、张旭的草书、斐旻的剑舞可成为天下的"三绝"。

狂草（张旭）

诏书一到洛阳城，顿时轰动了那些饱学之士。他们纷纷向张旭道喜，庆贺他以卓绝的努力取得了最高的褒奖。张旭作揖一一致谢，并设宴款待洛阳名流。席上，有人提议张旭谈谈草书写"绝"的秘诀，张旭推辞不过，谦虚地说："各位见笑了，我自知浅陋，皇上奖掖，受之有愧。说到秘诀，无非在'用心'两字。"张旭沉吟片刻，油然想起杜甫曾写的《观公孙大娘弟子舞剑器行》一诗，

便说:"少陵曾对公孙大娘的剑器舞写过一首诗,其中四句:'霍如羿射九日落,矫如群帝骖龙翔。来如雷霆收震怒,罢如江海凝清光。'想必诸位是知道的。在鄁县,我有幸见过公孙大娘的舞姿,每次看时,都引起我的联想:她将左手挥过去,我就立即想到这次姿态像个什么字;她跳跃起来旋转,我想草书中的'使转'笔锋的驰骋应如此吧!她那整个起舞的姿态音容,给了我许多关于草书结构的启发。"

隋唐时代的著名书法家智永和尚是王羲之的七世孙。据说他曾住在永欣寺楼上,刻苦学书三十年。他身边备有一个大竹篓,将写秃的笔扔进竹篓里,整整装满了五篓,后来他将这些秃笔埋在一起,称为"退笔冢"。经他亲手临写的《千字文》有八百多本,分别散在江南各寺庙里。"只要功夫深,铁杵磨成针",智永终于成为当时著名的书法家,每天来求他写字的人络绎不绝,把他住处的门槛都踏平了,于是用铁皮包上,被人称为"铁门槛"。

郑虔是唐玄宗时代的著名学者、书法家,学问很渊博。他青年时代就爱好写字绘画,但令人心酸的是他家境贫寒,穷得连纸张也买不起,用什么来练字呢?正好附近慈恩寺庙里存放有几间屋的柿叶,他便搬到寺庙里住下,每天取红色的柿叶当纸,刻苦练习书法。时间一长,他把几间屋的柿叶都写完了。工夫不负有心人,郑虔终于艰难而玉成,他的书法、绘画和诗歌都取得了很大成就,唐玄宗见了赞叹不已,称之为"郑虔三绝"。

唐代的大书法家怀素和尚,也是一位勤奋刻苦的典范。因为贫苦,买不起纸张,他每天取芭蕉叶来写字,后来把他种的一万多株芭蕉树的树叶都摘光了。于是他又做了个木盘子,刷上漆,在上面练习写字,时间长了,笔尖竟把木盘也磨穿了。他写秃的笔,可能比智永和尚的还多。怀素刻苦学书几十年,终于自成一家,他的草书是我国书法艺术中的珍品。

第五章

书法：形体结构——汉字之美

颜真卿和怀素都是唐代著名书法家。颜真卿的书法端庄雄伟，气势开张，自成一种风格，人称"颜体"。怀素运笔像暴风骤雨一样，飞动圆转，以擅长狂草出名。有一天，他们聚在一起交谈，颜真卿问怀素："你写草书有什么体会吗？"怀素说："我观察夏天的云朵有很多的变化，像山峰起伏一样，所以我的运笔有时就像展翅的鸟飞出树林、受惊的蛇窜入草丛。还有，我看见裂开的墙壁，那一道道裂纹是那么自然！"颜真卿说："那跟屋漏痕（用笔的一种比喻）相比怎么样呢？"怀素立即站起来，握着颜真卿的手说："你是得到它的精髓了！"

《颜勤礼碑》（部分）（颜真卿）

宋朝米芾的书法在继承"二王"书法传统上下过苦功，真、草、隶、篆、行都写得不错，而尤以行草书见长。他自称"刷字"，是指他用笔迅疾而劲健，尽兴、尽势、尽力，追求"刷"的韵味、气魄、力量，追求自然。他的书法作品，大至诗帖，小至尺牍、题跋都具有痛快淋漓、欹纵变幻、雄健清新的特点，有快刀利剑的气势。

米芾的书法功力深厚，他的书法融合了各个时代的优点——由唐而上溯魏晋、更上溯战国，形成他独特的精彩生动、跳跃逸宕的笔法，将书写人的性情与写字时的感受发挥无遗。米芾用笔如画竹，喜"八面出锋"，正侧藏露，长短粗细，体态万千。结字也俯仰斜正，变化极大，并以敧侧为主，表现了动态的美感。

米芾的代表作有《论草书帖》《苕溪诗卷》《蜀素帖》《拜中岳命诗帖》《虹县诗帖》等。

《清和帖》(米芾)

宋徽宗赵佶善瘦金体,为天下一绝。据说此书法的来历,颇为有趣。

有一次宋徽宗看歌舞表演,很是投入,自己亲自去击鼓,然后饮酒大醉。睡下不久,他突然醒来,歌舞之时的鼓声似乎隐约回荡在耳边,顿时灵感勃发,命令侍从展纸备砚,挥毫泼墨。恍惚之中,鼓声随笔端游走,节奏感极强,宋徽宗酣畅淋漓地写出了一幅好字。字体飘逸,起笔如长袖飞舞,落笔如玉足轻勾,秀丽极了,此即为瘦金体。

"瘦金体"(宋徽宗 赵佶)

第五章

书法：形体结构——汉字之美

清朝庄然乙，名宝书，擅长书法。他最初是向董香光等名家学习，后来学习晋朝人的书法。他在京师备考科举的时候，每书写一幅作品，当时的书法名家，如刘墉、梁山舟等人，无不交口称赞。在京师住了好几年，名声日盛，却一直没能中榜。他不得不叹息说："我一辈子就只能写书法吗？"他每次喝酒之后，拿起笔来纵情书写，虽是长条巨幅，顷刻之间就写完，心中抑郁不平之气，全部隐藏于书法中。因此他的书法，无一平笔。别人乘他喝醉的时候要书法作品，再多也不吝啬。等到他醒了之后，即使是一个小字条，他也不肯写。

清朝乾隆时期的刘墉，心气极高。当时和他同朝为臣的纪晓岚才名满天下，为天下文人所景仰。刘墉自知在才学上不可能胜过纪晓岚，于是另辟蹊径，在书法上猛下苦功，在学习历代名家长处的基础上，大胆创新，韵味特殊，自成一家，名满天下。刘墉的书法，初看圆软轻滑，若团团棉花，细审则骨骼分明，内含刚劲。刘墉书法之境界可以用"静""淡""清"三字概括，这是他超过常人之处。因此，若论乾隆朝的才子，以纪晓岚为最；若论乾隆朝的书法家，则以刘墉为最。

清朝扬州"八怪"之一郑板桥自幼酷爱书法，古代著名书法家各种书体他都临摹，经过一番苦练，终于和前人写得几乎一模一样，能够乱真了。但是大家对他的字并不怎么欣赏，甚至讥他为"书奴"。他自己也很着急，比以前学得更加勤奋，练得更加刻苦了。

一个夏天的晚上，他和妻子坐在外面乘凉，他用手指在自己的大腿上写起字来，写着写着，就写到他妻子身上去了。他妻子生气地把他的手打了一下说："你有你的体（身体），我有我的体，为什么不写自己的体，写别人的体？"顿时，郑板桥恍然大悟，各人有各人的身体，写字也各有各的字体，本来就不一样嘛！我为什么老是学别人的字体，而不走自己的路，写自己的体呢？即使学得和别人一样，也不过是别人的字体，没有创新，没有自己的风格，又有什么意思呢?他一下兴奋得跳了起来。从此,他取各家之长,融会贯通,以隶书与篆、草、行、楷相杂,用作画的方法写字,终于形成了一种"六分半书",也就是人们常说的"乱石铺街体",成了清代享有盛誉的著名书画家。

第五章
书法：形体结构——汉字之美

二、名作篇

在中国书法艺术发展的长河中，曾涌现出无数传世名帖。它们在有形的字幅之中，体现出作者的某种审美理想和美的追求，荡漾着一股灵虚之气，氤氲着一种形而上的气息，使作品超越有限的形质，而进入一种无限的境界之中。

三希宝帖，即王羲之的《快雪时晴帖》、王献之的《中秋帖》和王珣的《伯远帖》，是东晋书圣王羲之家族留给后世的最为珍贵的东西。书圣王羲之的《快雪时晴帖》以圆笔藏锋为主，起笔收笔圆转不露锋芒，笔法匀整安稳，如名士闲坐，显现出气定神闲，不疾不徐的情态。他的儿子王献之的《中秋帖》则是一笔而成，气势纵逸豪放，如大鹏抟风、长鲸喷浪，酣畅之意难以言叙。他的侄子王珣的《伯远帖》则笔力遒劲、态致萧散。此三帖，为历代奉为无上至宝、法书鼻祖，是当之无愧的中华神品。

《快雪时晴帖》（王羲之）

东晋穆帝永和九年（353年）三月三日，王羲之与谢安、孙绰等四十一人，在山阴（今浙江绍兴）兰亭"修禊"，会上各人作诗，王羲之为他们的诗集写了序文。序中记叙兰亭周围山水之美和聚会的欢乐之情，抒发好景不长、生死无常的感慨。这就是赫赫有名的《兰亭序》（又名《兰亭集序》）。

《兰亭序》共二十八行，三百二十四字，字字"天马行空，游行自在"。凡重复的字，写法各不相同，如五个"怀"字、七个"不"字，不同的位置，不同的表现，都依类赋形，千变万化。其中"之"字多达二十个，有的如楷书工整，有的似草书流转，大小参差，千姿百态，令人赞叹不已。《兰亭序》体现了王羲之书法艺术的最高境界，作者的气度、神韵、襟怀、情愫，在这件作品中都得到了充分表现，是王羲之33岁时的得意之作。后人评道："右军字体，古法一变。其雄秀之气，出于天然，故古今以为师法。"因此，历代书家都推《兰亭序》为"天下第一行书"。

第五章

书法：形体结构——汉字之美

神龙本《兰亭序》（王羲之）

王羲之名帖，除《快雪时晴帖》《兰亭序》之外，尚有《丧乱帖》。此帖是他得知留在北方的祖坟遭到破坏后愤怒悲伤之下写给友人的一封书信。该帖为抒发作者悲痛之情的作品，故挥洒淋漓，与《兰亭序》的流畅与浑然一体不同，写《兰亭序》时的心情以轻松欢快为主，《丧乱帖》中字迹潦草，时有滞顿的痕迹，由此可以看到王羲之书写这幅作品时的悲愤与郁闷之情。这让我们感悟到书法是书写人心灵和性格的展现。

既然是书信，就有信笔而书的特点，随手拟就，故书逾见率意、自然，不过仍可见出笔法的精深造诣。《丧乱帖》神采外耀，笔法精妙，动感强烈。结体多欹侧取姿，是王羲之所创造的最新体势的典型作品，也是其欹侧之风的代表作品，历来为书法学习者所重视。

隋朝时期的书法家智永和尚，是王羲之的七世孙。他传世的名作是真草《千字文》。《千字文》本来是王羲之写的，但是内容杂乱而不成韵，到了梁武帝才命令员外散骑侍郎周兴嗣，将原文的一千个字，改编成有韵脚（押韵）的《千字文》，方便记诵。这一千个字和王羲

《丧乱帖》（王羲之）

之所写的完全相同，只是文句改了。本来《千字文》的开头是"二仪日月，云露严霜……"经过周兴嗣的改写，就成了目前大家习诵的"天地玄黄，宇宙洪荒……"当然这项改编的工作是十分吃力的，据说他累得一夜之间须鬓全白呢！

智永和尚专心研究王氏家传的书法，一心想把祖先的典范加以发扬光大，于是勤临《千字文》，分别赠送给江淮各个庙寺。因为他曾将《千字文》以真体、草体两种书体并列来写，于是开了后世以不同的书体来写《千字文》的先例，到后来还有"篆、隶、真、草"四体《千字文》行世。

智永虽然写过无数的《千字文》，但目前流传于世的智永真草《千字文》仅有三种，即：临本关中本和宝墨轩本，及现存日本的真迹本《千字文》。前两种临本笔画各有特色，但是比起真迹自然要逊色多了！如果要研究，当然以真迹最好了。

真草《千字文》（部分）（智永）

智永以前的草书体势，杂乱不一，他规范了草书的写法，创下了为后世书法家所遵循的规范。所以从智永以后，草书才脱离了纷纭局面而归于一致，奠定了唐代以后，一千多年来草书的笔法，这一点是智永不朽的贡献。

唐初的大书法家欧阳询被称为"唐人楷书第一"，其所书的楷书法度严谨、笔力险峻、世无所匹。他的书法于平正中见险绝，最适合初学者临摹，被称为"欧体"。《仲尼梦奠帖》是欧体楷书的登峰造极之作。

《仲尼梦奠帖》共七十八字，书法笔力苍劲古茂，用墨淡而不浓，且是秃笔疾书，转折自如，无一笔不妥，无一笔凝滞，上下脉络映带清晰，结构稳重沉实，运笔从容，气韵流畅，体方而笔圆，妩媚而刚劲，为欧阳询晚年所书，

第五章
书法：形体结构——汉字之美

诚属稀世之珍，被誉为"中华第一楷书"。

唐代张旭的书法以草书成就最高。他自己以继承"二王"传统为自豪，字字有法；另一方面又效法张芝草书之艺，创造出潇洒磊落、变幻莫测的狂草，其状惊世骇俗。

张旭的狂草代表作《古诗四帖》，共四十行，一百八十八字。它的特点是较过去更为狂放，整体气势如大河一泻千里，又如疾风骤雨一般，在草书发展史上是新突破。张旭的狂草打破了魏晋时期拘谨的草书风格。把草书在原有的基础结构上，将上下两字的笔画紧密相连，所谓"连绵环绕"，有时两个字看起来像一个字，有时一个字看起来却像两个字。在章法安排上，也是疏密悬殊。在书写上，一反魏晋"匆匆不及草书"的四平八稳的传统书写速度，而采取了奔放、写意的书写方式。

此幅草书，通篇笔画丰满，绝无纤弱浮滑之笔，笔法奔放不羁，如惊电激雷，倏忽万里，而又不离规矩。行文跌宕起伏、动静交错，满纸如云烟缭绕，实乃草书巅峰之篇。明代书法家董其昌评说："有悬崖坠石，急雨旋风之势。"

狂草《古诗四帖》(部分)(张旭)

唐天宝十四年（755 年），安禄山谋反，平原太守颜真卿联络其从兄常山太守颜杲卿起兵讨伐叛军。次年正月，叛军史思明部攻陷常山，颜杲卿及其少子季明被捕，并先后遇害，颜氏一门被害三十余口。唐肃宗乾元元年（758 年），颜真卿命人到河北寻访侄子的骨骸携归，挥泪写下流芳千古的祭文《祭侄文稿》。

因为此稿是在极度悲愤的情绪下书写，顾不得笔墨的工拙，故字随书家情绪起伏，是真情实感和平时功力的自然流露。因此，其个性之鲜明，形式之独异，都开历史之先河。《祭侄文稿》是书法创作述志、述心、表情的典型，作品中所蕴含的情感力度强烈地震撼了每个观赏者的心，被誉为"天下第二行书"。

唐书法家怀素和尚为王羲之后人，擅长草书。他晚年写了一部《自叙帖》，内容为自述写草书的经历和经验，记录了当时士大夫对他书法的品评，即当时的著名人物如颜真卿、戴叔伦等对他的草书的赞颂。此帖共一百二十六行，六百九十八字，洋洋洒洒，一气呵成，真如龙蛇竞走，激电奔雷。

在这部书帖中，怀素利用了点、线型的各种变化，以及用笔的方圆、干湿对比和空白巧妙切割，使书法具有音乐般的节奏感，从而使观者与书家的心声共鸣，同悲同喜，共同沐浴在书法的韵律之中。他的"狂草"正是古典浪漫主义的书法艺术的最佳体现，《自叙帖》是他晚年草书的代表作，被誉为"天下第一草书"。

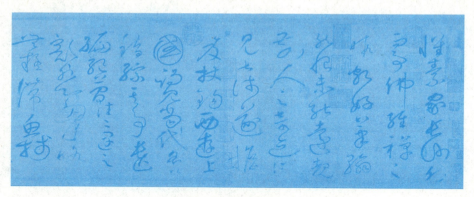

《自叙帖》（部分）（怀素）

凡学书法的人，必须先学楷书。凡学楷书之人，必须先学欧、颜、柳、赵四体，而四体楷书的代表作是：欧阳询书《九成宫醴泉铭》，颜真卿书《多宝塔》，柳公权书《玄秘塔》，赵孟頫书《寿春堂》。

柳公权的书法在唐朝极负盛名，民间更有"柳字一字值千金"的说法。他

第五章
书法：形体结构——汉字之美

的书法结构紧凑，而且骨力秀挺，洒脱而有法度。在字的特色上，以瘦劲著称，所写楷书，体势劲媚。他的书法以行书和楷书最为精妙。也由于柳公权作品独到的特色，因此与颜真卿并称"颜筋柳骨"。

《玄秘塔》是柳公权64岁时所作，共二十八行，每行五十四字。它的特点是骨力矫健，筋骨特露，刚健道媚；结字瘦长，且大小颇有错落，巧富变化，顾盼神飞，行间气脉流贯，是柳公权书法中最能表现"柳骨"特色的代表作。

《玄秘塔碑》拓本（部分）（柳公权）

宋神宗元丰五年（1082年），苏东坡因"乌台诗案"被贬为黄州团练副使。当时的他，在精神上感到寂寞，郁郁不得志，而在生活上又穷困潦倒。因此，在被贬黄州第三年的寒食节，苏东坡做了两首五言诗：

> 自我来黄州，已过三寒食。
>
> 年年欲惜春，春去不容惜。
>
> 今年又苦雨，两月秋萧瑟。
>
> 卧闻海棠花，泥污燕支雪。
>
> 暗中偷负去，夜半真有力。

何殊病少年，病起头已白。

春江欲入户，雨势来不已。
小屋如渔舟，濛濛水云里。
空庖煮寒菜，破灶烧湿苇。
那知是寒食，但见乌衔纸。
君门深九重，坟墓在万里。
也拟哭途穷，死灰吹不起。

  这两首诗在苏东坡的诗词中算不得上乘之作，但其中所蕴含的沉郁、凄怆被诗人同时用书法表达了出来。那淋漓多姿、意蕴丰厚的书法意象酿造出来的悲凉意境，使这部《黄州寒食诗帖》成为千古名作。这部书帖通篇起伏跌宕，光彩照人，气势奔放，而无荒率之笔。正如黄庭坚在此诗后所跋："此书兼颜鲁公、杨少师、李西台笔意，试使东坡复为之，未必及此。"

  因为有诸家的称赏赞誉，世人遂将《黄州寒食诗帖》与东晋王羲之的《兰亭序》、唐代颜真卿的《祭侄文稿》合称为"天下三大行书"，或单称《黄州寒食诗帖》为"天下第三行书"。有人将"天下三大行书"作对比说：《兰亭序》是雅士超人的风格，《祭侄文稿》是至哲贤达的风格，《黄州寒食诗帖》是学士才子的风格。它们先后媲美，各领风骚，可以称得上是中国书法史上行书的三块里程碑。

《黄州寒食诗帖》（苏东坡）

第五章

书法：形体结构——汉字之美

北宋哲宗年间，湖州（浙江吴兴）郡守林希有一卷珍藏了二十多年的蜀素。蜀素乃是四川造的质地精良的丝绸织物，上织有乌丝栏，制作非常讲究。由于过于名贵，无人敢在上面留下墨宝。恰巧大书法家米芾与林希交好，林希取出珍藏的蜀素卷，请米芾书写。米芾才胆过人，当仁不让，一口气写了自作的八首诗，此即为《蜀素帖》。

《蜀素帖》是米芾的代表作。一方面，在笔法上，此帖用笔多变，率意放纵，笔势飞动，提按转折挑，曲尽变化，充分表现出米芾"癫狂"的风格。另一方面，由于蜀素粗糙，书写时需全力以赴，而丝绸不易受墨，又出现了较多的枯笔，因此通篇墨色有浓有淡，顺时如狮子搏兔，涩时如渴骥奔泉，组合起来更是精彩万分。

总之，一卷名锦，一个大家，两者结合在一起，以率意的笔法，奇诡的结体，中和的布局，一洗晋唐以来和平简远的书风，创造出激越痛快、神采奕奕的意境，形成了《蜀素帖》独具一格的章法。

草书《千字文》，是宋徽宗赵佶40岁时的得意作品。它是难得一见的徽宗草书长卷，笔势奔放流畅，变幻莫测，一气呵成。以用笔、结体的熟稔精妙乃至书写意境而论，与张旭、怀素相比，委实伯仲难分。

这卷笔翰飞舞的墨迹，书于全长三丈余的整幅描金云龙笺上。其底文的精工图案，是由宫中画师就纸面一笔笔描绘而出，与徽宗的墨宝可谓相得益彰，共同成就了这篇空前绝后的旷世杰作！被誉为"天下一人绝世墨宝"。

草书《千字文》（部分）（宋徽宗 赵佶）

元代书法宗师赵孟頫的《前后赤壁赋》又称《赤壁二赋帖》，是他48岁时应人之约而写就的一件行书作品。全帖共书八十一行，其中《赤壁赋》四十六行、《后赤壁赋》三十二行，署款三行。

前后两赋虽为同时所书，但风格稍异。前赋用笔提按起伏跳动较大，笔道刚劲而略显生涩。后赋用笔温润洒脱，气定神闲，笔道沉实而稍感圆熟。通观全帖，笔力遒劲，挥洒自如。细瘦处如画沙印泥，沉厚处若绵中裹铁，快捷处牵丝映带可陆断犀象，舒缓处雍容端庄若雅士临风。通篇气韵生动，神完气足，晋唐之风跃然纸上。

《草书诗帖》亦是中华传世名帖，作者为明代书法家祝允明（即明代江南四大才子中的祝枝山）。祝允明性情疏放不拘礼节，放浪形骸，又好饮酒。因此，他虽然隶书、楷书、行书都很擅长，但最好的还是草书。

第五章
书法：形体结构——汉字之美

祝允明的草书，写得开张舒放，跌宕奇逸，笔力遒劲，点画狼藉，看似乱，其实不乱，看似散，其实气脉贯注，并不因率意而潦草，笔笔都能断而后起，能于使转中见点画，故通幅视之，显得神采奕奕，气势豪放，流露出一种强烈而震撼人心的韵律和节奏。

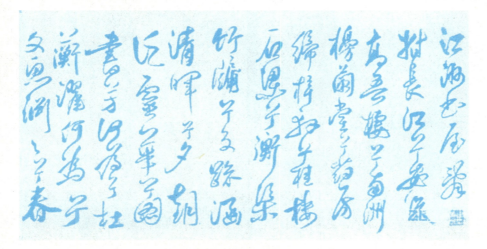

《草书诗帖》（祝允明）

三、故事篇

　　书法家也是人，也会有自己的性格癖好和喜怒哀乐。他们之所以能成为书法家，除了天赋之外，更多的则是对书法发自内心的喜爱与沉迷。而这种喜爱与沉迷，则又衍生出许多让人忍俊不禁而又回味悠长的小故事。

　　王羲之辞去会稽内使的职务，全家迁移到戴山下居住。一天早晨，王羲之看见一位老太太拿着十多把六角竹扇去集市上出卖。王羲之跟老太太闲聊，说："这些扇子都想卖吗？一把多少钱？"老太太说："二十文钱一把。"王羲之拿出笔来为扇子题字，每把扇子上题写了五个字，老太太惋惜地说："我们全家的早饭还靠这几把扇子卖钱买米下锅呢，你怎么给我写坏了？"王羲之说："不妨事的。你就说是王右军题的字，卖一百文一把。"一到市上，人们都争先恐后地抢着买。过了十多天，这个老太太又拿着一篮子扇子请王羲之题字，羲之笑笑，没有再题。

　　又有人说，王羲之曾有一次亲自书一表献给晋穆帝，笔墨酣畅，书随人意，专一求精。晋穆帝看到这份表后，命人找到同样颜色式样的纸，长短宽窄裁成

第五章

书法：形体结构——汉字之美

跟王羲之的书表一样，让张翼效仿王羲之的书体再写一份表，题好名款后，用它来答复王羲之。王羲之刚看到时没发现什么，待反复地仔细把玩后，感叹地说："这是哪个无名小人仿效我的书法，简直到了以假乱真的地步了。"

王羲之非常喜欢鹅。山阴有一位道士饲养了十多只白鹅。王羲之清早起来，专门驾着小船顺流驶去观看这群鹅，看了后非常高兴，跟这位道士商量要买下这群鹅。道士不肯卖给他，王羲之百般解释说明他是如何如何喜爱这群鹅，道士还是不卖。这位道士非常喜欢谈道，早就想找人抄写一部老子的《道德经》，抄写经卷的白色细绢都早已置办好了，但是没有人能书写。道士说："你若能亲自为贫道书写老子的《道德经》两份，这群鹅我全都白送给你。"王羲之在道士那里停留了半天，为道士写了他所要的《道德经》后，用笼子装着这群白鹅回到家来，感到莫大的快乐。

还有一次，王羲之到他的一个弟子家去，弟子摆上一桌丰盛的酒菜宴请他这位老师，很让他感动。王羲之想为这位学生写几个字来表示酬谢，看见地上放着一只新做的榧木小几，表面刨得光滑锃亮。于是，他便在这只小几上题写了几个字，草书、正楷各一半。写完了，王羲之告辞归去。这个学生送他回到郡里，待到返回自己家中时，发现他父亲已经将老师的题字都刨去了，一个字也没留下。事情过去了好多天，这位学生还懊悔不已。

王羲之在会稽任内使时，他的儿子王献之看到北馆新用白土刷的墙壁，白净可爱。于是让人拿来扫帚，蘸着泥汁在白墙壁上书写了一个一丈长的"一"字，笔锋洒脱逸美，很有气势，天天有人来观赏，如同闹市。王羲之看到后，赞赏写得漂亮，问是谁的手笔，人们告诉他：是你的小儿子七郎献之写的。于是王羲之给亲族写信，说：子敬的飞白大有长进，就像是自己在这墙壁上写的。

一次王献之遇到一件奇事。有位好事的公子，做了一个纸人，带着它到王献之那里，让王献之在上面写字。并说，他是特意从北面来跟他合作的。于是，王献之在纸人上写了草书、正楷、飞白等各种书体。待到主体与两袖都写得差不多时，这个少年觉得王献之身边的仆人要抢走这件纸人，拎起纸人就走。王献之的仆人果然追赶到门外，两方争抢中，纸人已经被撕裂，这个惹事少年只抢到一只衣袖。

《鸭头丸帖》（王献之）

王献之有个外甥叫羊欣，也非常爱好书法。羊欣的父亲羊不疑官任乌程县令时，一次王献之到乌程县署办事，然后去看外甥羊欣。进门后，看到羊欣大白天穿一条新做的白绢裙在床上睡觉。王献之没有惊动他，就取过笔墨，在这男孩的白绢裙上和衣带上写了一些字。羊欣醒来后发现衣服上的字，非常高兴，将它像珍宝一样收藏起来，后来把它献给了朝廷。

做生意的店家一般都有招牌，总要将自家的店号起个吉利的名字，例如"广源记""茂源记""康泰记"等。有一家商店生意不错，扩大了门面，增添了货物，招牌也想换个新的。可别小看这招牌，它对生意的好坏还挺有影响的。因此，招牌一般是用好的木板做的。凑巧，有人找来了一块曾经用来祭神的木板，木板上写满了祭祝的文字。商店老板叫人把木板上的毛笔字洗去，好写新的内容，哪知擦洗了半天，木板上的毛笔字不仅没有擦掉，反而更清晰了。洗不掉，就刨，木板刨了一层，笔迹依然可见；木板刨了两层，笔迹还能看见。人们惊讶了——这是谁写的字，这样深湛有力。一位懂得书法的老先生来了一看，立即惊叹地叫起来。看着他惊叹的样子，在场的人都很奇怪，纷纷围拢来看。老先生说："这是大书法家王羲之的笔迹啊！这书法如此深湛有力，真是入木三分啊！"

王羲之写了《兰亭序》之后，对自己这件作品非常满意，曾重写几遍，都

第五章
书法：形体结构——汉字之美

达不到这种境界，他感叹说："此神助耳，何吾能力致。"因此，他自己也十分珍惜，把它作为传家之宝，一直传到他的第七代孙智永。智永少年出家，酷爱书法，死前他将《兰亭序》传给弟子辩才和尚。辩才和尚对书法也很有研究，他知道《兰亭序》的价值，将它视为珍宝，藏在他卧室梁上特意凿好的一个洞内。

唐太宗李世民喜爱书法，尤爱王羲之的字。他听说王羲之的书法珍品《兰亭序》在辩才和尚那里，便多次派人去索取，可辩才和尚始终推说不知真迹下落。李世民看硬要不成，便改为智取。他派监察御史萧翼装扮成书生模样，去与辩才接近，寻机取得《兰亭序》。萧翼对书法也很有研究，和辩才和尚谈得很投机。待两人关系密切之后，萧翼故意拿出几件王羲之的书法作品给辩才和尚欣赏。辩才看后，不以为然地说："真倒是真的，但不是好的，我有一本真迹倒不差。"萧翼追问是什么帖子，辩才神秘地告诉他是《兰亭序》真迹。萧翼故作不信，说此帖已失踪。辩才从屋梁上取下真迹给萧翼观看，萧翼一看，果真是《兰亭序》真迹，随即将其纳入袖中，同时向辩才出示了唐太宗的"诏书"。辩才此时方知上当。

辩才失去真迹，非常难过，不久便积郁成疾，不到一年就去世了。据说，李世民在他的遗诏中曾吩咐用《兰亭序》枕在他脑袋下边，永世陪葬。

《兰亭曲水流觞图》（砖画）

齐太祖萧道成也是个笃好书法的人，即帝位后，书法雅兴仍不减当年。一次，太祖召已是丹阳（今江苏镇江）尹的王僧虔来朝，提出要与他进行书法比赛。王僧虔只得从命。君臣二人各自展纸濡墨，挥毫逞兴。作书完毕，太祖十

分得意地问:"朕与卿书法,谁是第一?"王僧虔不假思索地回答说:"臣书第一,陛下亦第一。"太祖心里明白,自己的书法是不能与王僧虔匹敌的,王僧虔是否有曲意奉承之意,出如此狡黠之语?于是反问道:"第一就是第一,怎么会有两个第一?"王僧虔不慌不忙地说:"我的书法在所有大臣中数第一,陛下书法在历代帝王中数第一。"经他这样一解释,太祖又觉得似乎不无道理,忍不住哈哈大笑起来,说:"卿可真会说话,既不失之自信,又不得罪人!"话语中流露出对王僧虔应对机变的嘉许。君臣二人当即互赠各自所珍藏的古代名人书法精品。

唐太宗李世民特别喜欢书法,他常常在处理政事的空闲时间里,潜心练习书法。当时,被誉为初唐四大书法家之一的虞世南就在宫中任职,由于他精通古今,文章书法下笔如神,因而唐太宗一向很尊敬他,也经常临摹学习虞世南的书法。

在练习书法的过程中,唐太宗深深感到虞世南字体中"戈"最难写,不容易写出其中的神采。有一次,他练习写"戬"字,怕因写不好有失体面,让各位大臣看他的笑话,于是便故意将"戈"空着不写,而私下请虞世南代为填补。

唐太宗为了显示自己在书法方面有所进步,便拿着几幅作品请魏征观看,并征求魏征的意见说:"你看朕的字是否像虞世南学士的字?"魏征恭恭敬敬地仔细看了一遍,始终含笑不语。这时,唐太宗有些焦急地问他:"是像还是不像,你怎么不说话?"魏征连忙说道:"臣不敢妄加评论陛下的书法。"唐太宗说道:"你直言无妨,朕恕你无罪。"这时魏征才奏道:"据臣看,其中只有'戬'字右半边的'戈'旁和虞学士写的一般无二,其余的均相去甚远。"唐太宗听了这番话后,感叹不已,深深佩服魏征的眼力,从而也领悟学习书法来不得半点虚假,要想学有所成,必须痛下苦功。

唐初书法名家欧阳询的书法在日本也有很多崇拜者。《朝日新闻》是日本

第五章

书法：形体结构——汉字之美

较有影响的报纸，报头就是欧阳询"写"的。《朝日新闻》1888年在日本东京创刊，欧阳询卒于641年，之间相差一千两百多年，欧阳询如何替《朝日新闻》写报头呢？

原来《朝日新闻》在东京创办时，有几位筹备委员是当时的书法家，他们尊崇欧阳询的书法，因此找出欧阳询的《宗圣观记》，从中选出"朝""日""闻"三个字用双钩法描成"填本"，但帖中没有"新"字，他们就用"親"和"析"字分别剔除"見"和"木"，合成"新"字，就这样欧阳询"写"的"朝日新闻"四个饱满瘦劲的字成为报头出现在人们的眼前。

西安碑林内有一块《大唐三藏圣教序碑》，其背后是一件隔代合写一碑的奇事：东晋大书法家王羲之竟然写了两百多年后的唐朝文章！不少行家验看了碑上的每一字，确是王羲之的手笔。诵念碑文内容，也确是唐太宗为玄奘和尚撰写的《圣教序》。

怪事自有根由，玄奘和尚从印度带回了佛经，并由他精心译成后，请唐太宗作序文，太子李治作了述记，为此玄奘和尚又上了谢表。后来，太宗的序文和答敕、太子李治的述记和玄奘和尚的谢表被通称为《大唐三藏圣教序》，并以楷书分刻于两碑之上。唐高宗咸亨三年（672年），朝廷要将两块碑文用晋代大书法家王羲之的字体来刻成一通碑。长安洪福寺高僧怀仁知道此事后，感到是佛教界的光荣，因此，下决心承担此任。怀仁和尚到处寻觅，终于按序文的内容把王羲之的字一个一个地搜集起来，刻成了这块王羲之字体的《大唐三藏圣教序碑》。

传说怀仁在集字过程中，有几个字怎么也找不到，不得已奏请朝廷贴出告示，谁献出碑文中急需的一个字，赏一千金。这就是"一字千金"的由来，也是文坛上的佳话。后人把此碑的拓本称作《千金帖》。

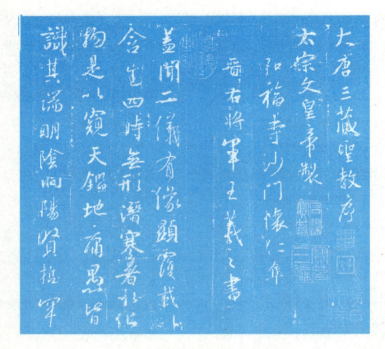

《千金帖》拓片（部分）

唐朝张旭担任苏州常熟尉没有几天，就有位老先生经常来告状。张旭很生气，骂道："你怎么敢屡次拿一些小事来骚扰我？"老先生说："我其实不是想来告状，只是看到您的书法很好，想拿您的判词回去珍藏而已。"张旭听了哈哈大笑。

宋朝苏东坡诗、词、书、画皆名满天下，他的亲笔作品只要拿到街市上去，立刻就能换来巨款。他有一至交好友颇为闲懒，常拿一些小事来麻烦苏东坡题字签名，然后立刻拿去换酒喝。苏东坡最初不知道，后来才发现好友的"伎俩"。

一天，好友又派仆人为某件小事来拜见苏东坡，苏东坡并未如往常那样亲笔写文，而只是口头作答。那仆人不肯离去，非要拿到苏东坡的亲笔书信才罢休。苏东坡大笑，对仆人说："回去告诉你的主人，今日苏东坡要让他没有酒喝了。"

第五章

书法：形体结构——汉字之美

宋代著名画家米芾小时家境不富裕，花学费在私塾学写字三年却长进不大。一日，他听说有位路过村里的赶考秀才字写得好就去请教。秀才翻看了米芾的临帖后说："想要跟我学写字，有个条件，得买我的纸，可纸贵，五两纹银一张。"米芾心想哪有这样贵的纸，但出于学字心切，米芾一咬牙借来银子交给秀才。秀才递给他一张纸说："回去好好写，三天后拿给我看。"回到家，米芾捧着这张用五两银子买来的纸，左看右看也不敢轻易使用。于是对照字帖，用没蘸墨水的笔在书案上画来画去，反反复复地琢磨，把一个一个的字印在心里。三天后，秀才来了，见米芾正坐在桌前，手握着笔，望着字帖出神呢，纸上竟滴墨未沾。便故作惊讶地问："怎么还没写？"米芾如梦方醒，才想到三天期限已到，喃喃地说："我怕弄废了纸。"秀才哈哈大笑，用扇子指着纸说："好了，琢磨三天了，写个字给我看看吧！"米芾抬笔写了个"永"字。秀才一看，字写得遒劲潇洒，便故意问道："你为什么三年学业不进，三天却能突飞猛进呢？"米芾想了想说："因为这张纸贵，不敢像以前那样随便写来，而是先用心把字琢磨透了再写。""对！"秀才说，"学字不光是动笔，还要动心，不但要观其形，更要悟其神，心领神会，才能写好。"说完，挥笔在"永"字后面添了七个字：（永）志不忘，纹银五两。又从怀里掏出那五两银子还给米芾，头也不回地走了。

王羲之《大道帖》（米芾摹本）

宋代有四大书法家最为有名，即苏、黄、米、蔡四家。苏是苏东坡，黄是黄庭坚，米是米芾，这都无可非议，可"蔡"呢？有人说是蔡京，也有人说是蔡襄，到底是谁呢？说法不一。

最通常的说法是,本来这个蔡是蔡京,人们虽然承认他的书法造诣,可特别憎恶他的人品,所以人们不愿意承认他的书法家地位。在宋哲宗元祐年间,他为了排除异己,把司马光等人称作"奸党",在文章中写下他们的"罪状",并刻成碑立在全国。当时有许多石匠拒绝刻这个碑,结果都被砍头处死。等到蔡京一死,人们马上把那座"元祐党人碑"砸个粉碎。人们还把他和当时把持朝政的高俅、童贯、杨戬,并称为"四大奸臣"。

蔡京人品极坏,人们怎能容忍他在"四大书法家"的行列之中?所以就把他开除了。可"苏黄米蔡"又说顺口了,就让蔡襄取而代之。

蔡襄善于学习先人精华,又特别刻苦努力,书法很有特色。所以人们认为他应该排在"四家"之首,不应该受蔡京的连累排在最后。

蔡襄不仅书法造诣很高,而且人品极好。他在朝为官时,敢于直言,连一些权臣都怕他三分。他在福建泉州做官时,修建了后来非常著名的洛阳桥,又修建了七里的林荫大道,受当地百姓爱戴。

由此看来,人品比书品更重要,如果一个人只会写好字,不会做好事,百姓一定会唾弃他,即使在书坛上也不会给他留下一个小小的地位。

《兰亭序》不管是拓本或摹本,自古以来书家都十分喜爱。元朝的赵孟頫更是酷爱如命。他曾经买到好的《兰亭古拓本》,非常欣喜,乘着船连夜赶回家。不料快到岸时,逢大风浪,船翻覆了,幸好他立于浅水的地方。行李都不见了,他却手持他的《兰亭古拓本》,向别人说:"《兰亭》在这里,其他东西都不见了,我不介意。"事后题了八字于卷首:"性命可轻,至宝是保。"喜爱《兰亭序》到这种地步,真是书坛趣谈。后来的人于是称他的《兰亭古拓本》为《落水兰亭》。

清朝刘墉的书法敢于突破传统写法,自成一家,别具一格,受到当时一些保守书法家的指责,翁方纲就是其中一个。

第五章

书法：形体结构——汉字之美

翁方纲有一个女婿是刘墉的学生。有一次，这个学生去看望岳父，正碰上翁方纲在练字，写的还是他练了一辈子的字体，一笔一画都完全按古人的要求，不改动一笔。这个学生因为受到老师刘墉的影响，对老岳父墨守成规看不惯，就拐弯抹角地说："岳父，您和我的老师都是当代的大书法家，我从来没有听您评论我老师的书法。您今天给我谈谈吧！"翁方纲放下笔，看了看他的女婿，说："你回去问你的老师，他写的字哪一笔是古人的？"

这个学生真的回去问刘墉了。刘墉笑了笑说："你回去也问你的岳父，他写的字哪一笔是他自己的？"

这互相间的问话，反映了他们对待书法艺术的不同见解——一个守旧，一个创新。后来这个故事成了书法史上的佳话。

刘墉书法

据说刘墉握笔的姿势也很奇特。他在客人面前写字的时候，笔正腕端，采用传统的握笔方法。但是，他自己在内室书房写字的时候，不论写大字还是写小字，都转动笔管，飞快地书写。笔随手指前后左右旋转飞动，像狮子滚绣球一样。他写得兴奋的时候，甚至笔管脱手飞落到地上。可惜，这种方法没有传下来。

刘墉书法非常有名，但他极为自重，很少赠送别人书法作品。因此，许多人为了得到刘墉的亲笔书法而煞费苦心。

一位同僚屡次向刘墉索求书法作品而不可得之后，有一次，想出了一个怪招。当刘墉在衙门坐班的时候，这位同僚就派仆人给刘墉送上水果点心之类的零食，以表自己的同僚情义。刘墉重

视礼节,每次都亲笔写感谢信,结果一年下来,刘墉水果点心吃了不少,感谢信也写了不少。到了年末,刘墉觉得再不给这位同僚写上一幅书法就实在是过意不去了,于是亲自去向对方表达这个意思。没想到那同僚哈哈大笑,说不用了不用了,我已经有了很多了。他拿出一个册子,里面全是刘墉的书法作品。原来这一年来刘墉写的感谢信,竟然被他收集成册了。

杭州有位盐商,愿意花大价钱向郑板桥索求墨宝。郑板桥不愿意和这些追逐铜臭的人打交道,说什么也不肯答应。盐商没有办法,只得怏怏而去。

过了几天,郑板桥外出游玩,在城外见到一座颇富田园风味的农庄,庄主姓程,也是位颇有才学的读书人。尤其可贵的是,这位程庄主家里竟然还收藏着诸多书法名家的作品。郑板桥见了大喜,再也挪不动脚步。程庄主极为好客,一边备下酒席,一边拿出那些名家作品来与郑板桥品评鉴赏。这下可就合了郑板桥的心意,他在那农庄里流连了好几天,酒醉心喜之下笔思泉涌,留下无数书画作品。

又过了一段日子,郑板桥忽然听说杭州那位盐商手中出现了很多他的亲笔书画作品,大为惊讶,跑去一看,原来竟然就是他在那位程庄主那里留下来的。这个时候郑板桥才明白这是一个圈套,那个所谓的程庄主,只是那个盐商雇来的托儿而已。

第六章

趣闻：野史杂谈——汉字之趣

中华民族从古至今，文人墨客间颇多趣闻轶事，它们或来自于典籍，或来自于民间。这些趣闻诙谐多智、妙趣横生、出奇制胜，读来不仅有助于启发我们随机应变的智慧，亦能提高我们的人文修养。

　　趣闻轶事多不见于正史典籍，而多流传于稗官野史、民间口头之中。然而趣闻之所以能够广泛流传，获得广大老百姓的喜爱，就在于它或讽或喻，或谐或谑，将原本是正史典籍中已经脸谱化了的人物，还原成了现实生活中活生生的形象，将庙堂之中高高在上的泥胎土偶，转换成了我们身边的张三、李四。

　　历史是一种有选择的记忆，典籍记载的未必是真，野史流传的也未必是假。庙堂有一部所谓的正史，民间百姓也有自己的历史。三教九流、世相百态、奇人异士，妙趣横生，诸多诙谐多智乃至荒诞离奇之事，若能博得读者会心一笑，便足矣。

第六章

趣闻：野史杂谈——汉字之趣

一、应答篇

语言，是文字的口头表达方式。幽默、精妙的语言不仅是一种应对技巧，更是一门艺术。无论是用来调节气氛，还是表达自己的主张，劝说别人改变观点，甚或是回应对手的指责刁难，都需要巧妙地运用文字技巧。

吴国使臣张温应聘入蜀，蜀汉百官齐集，准备相迎，只有秦宓最后到达。张温问诸葛亮："这是何人？"诸葛亮回答："这是学士秦宓。"张温便问秦宓："君还在学习吗？"秦宓回答说："蜀中五尺童子都在学习，我还用问吗？"

张温于是问："天有头吗？"

秦宓说："有头，在西方。《诗经》说'乃眷西顾'。"

张温又问："天有耳吗？"

秦宓说："有耳。天在高处，故能听到低处之声。《诗经》说'鹤鸣九皋，声闻于天'。"

张温又问："天有足吗？"

秦宓说："有。《诗经》说'天步艰难'，要是无足，怎能行步？"

《鹤鸣九皋》（清 释净印）

张温又问："天有姓吗？"

秦宓说："有姓。"

张温问："何姓？"

秦宓说："姓刘。"

张温问："何以知之？"

秦宓说："因为天子姓刘，所以知之。"

张温又问："太阳生于东方吗？"

秦宓说："虽生于东边，其实却落在西边。"

秦宓对答如流，在座的人都惊叹佩服。

北齐高祖高欢曾于佛教大斋日设聚会，当时有一高僧大德法师在会上讲经，与会者对佛经有难解之处的，都当场提问，法师当场解答，引经据典，言议深奥。有个叫石动筩的优人（即宫廷小丑）向法师提问："且问一个小问题，佛常骑什么？"

法师答道："或坐千叶莲花，或乘六牙白象。"

动筩说："法师全不读佛经，竟连佛所乘骑之物都不知道。"

法师马上反问道："施主读佛经，你说佛骑什么？"

动筩回答："佛骑牛。"

法师问："有何根据？"

动筩答道："佛经上说'世尊甚奇特'，'特'不就是小牛的意思吗？"（"特"在古语中为"小牛"的意思，"奇特"谐音即为"骑特"，就成了"骑小牛"。）

在座者听了此言，皆哄堂大笑。

第六章

趣闻：野史杂谈——汉字之趣

北齐高祖曾读《文选》，读到晋人郭璞的《游仙诗》，连连叹息称妙。优人石动筒见状说："这诗有什么好？若让臣作，能胜他一倍。"

高祖听了不高兴，说："你是什么人？竟夸口作诗能胜郭璞一倍，岂不该死。"石动筒马上说："您现在就让我作，如果不能胜他一倍，臣甘心受死。"

高祖即令石动筒作诗，石动筒说："郭璞的《游仙诗》说'青溪千余仞，中有一道士。'我作的是'青溪二千仞，中有二道士。'岂不胜他一倍？"

高祖放声大笑。

唐朝贾嘉隐7岁的时候，被世人称为神童，获皇上召见。当时太尉长孙无忌与司空李勣都在。李勣逗小神童道："我靠着的是什么树？"小神童回答说："松树。"李勣说："这是槐树，怎么能说是松树？"小神童道："公旁边配木，自然是松树（李勣被封为英国公）。"长孙无忌于是也问："我靠着的是什么树？"小神童回答："槐树。"长孙无忌道："我们俩靠着的是同一棵树你怎么前后不一啊！"小神童回答说："我没有前后不一啊！不过是因为鬼旁边配木罢了（即称长孙无忌为鬼）。"李勣笑着称赞："这小子怎么这么聪明？"

唐懿宗咸通年间，宫廷伶官李可及滑稽而善开玩笑。虽然有点荒唐，但他的乖巧机敏却是不可多得的。

曾有一回延庆节时，道士、和尚讲论完毕后，接着要演杂戏，李可及便穿戴上大袍宽带，整理衣装后升座，自称对儒、佛、道三教无不知晓。

有一位坐着的人问道："你既然说通晓三教，那请问释迦如来是什么人？"

李可及说："是妇人。"

提问的惊奇道："什么？"

李可及道："《金刚经》在谈到释迦如来时说'敷座而坐'（谐音"夫坐儿坐"），如果不是妇人，那为什么不厌其烦地讲夫坐然后儿坐呢？"

众人听了大乐。

那人又问:"太上老君是什么人?"

李可及道:"也是妇人。"

提问的更加不明白。李可及于是说道:"《道德经》上引过太上老君的话:'吾所以有大患者,为吾有身(有身,被他解释为怀孕)。及吾无身,吾有何患?'倘若太上老君不是妇人,怎么会怀有身孕呢?"

众人听了哄堂大笑。

那人又问:"文宣王(孔子)是什么人?"

李可及说:"妇人。"

那人道:"他怎么会是女人?"

李可及道:"《论语》记载着文宣王的话呀,'沽之哉,沽之哉,我待价(谐音"嫁")者也'。如果不是妇人,为什么要等待出嫁呢?"

众人听了,顿时个个都笑得喘不过气来,一起称妙。

明成祖朱棣曾与才子解缙一起出游,朱棣登桥后问解缙说,此当作何解释?解缙答道:"这叫步步登高。"下桥以后,朱棣又问,解缙回答说:"这叫后面更比前面高。"

乾隆南巡至镇江,金山寺方丈陪驾。乾隆见江上舟楫往来如梭,戏问道:"你知有舟多少艘?"方丈从容回答:"两艘。"乾隆道:"如此帆樯林立,只有两艘?"方丈道:"我见一艘为名,一艘为利,名利外无有舟。"乾隆大笑。后见岸边有卖竹篮的,问此物何用,方丈回答藏东西用。乾隆问:"东西可藏,南北岂不可藏乎?"方丈回答:"东方甲乙木,西方庚辛金,木类金类之物,篮中可以藏之。南方丙丁属火,北方壬癸属水,竹篮决不可以藏水火也。"

第六章

趣闻：野史杂谈——汉字之趣

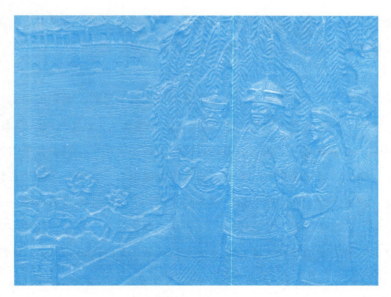

《乾隆南巡》（铜版画）

　　有一次，和珅与纪晓岚在花园饮酒，当时纪晓岚官居侍郎，和珅官居尚书。突然有只狗从旁边跑过。和珅故意问："是狼（侍郎）是狗？"然后得意地盯着纪晓岚，看看他有何反应，纪晓岚不动声色随口答道："垂尾是狼，上竖（尚书）是狗。"

　　清代县官吴棠得罪了上司，吴便请显宦在中间做一次人情说客。显宦允其所请，便于酒会中有意行令曰："有水也是清，没水也是青，去水加心变成情，不看金面看佛面，不看鱼情看水情。"显宦这是和事佬之口吻，且情意恳切，望求和解。谁料这位上司不给面子，也以酒令讥讽曰："有水也是湘，没水也是相，去水加雨变成霜，各人自扫门前雪，莫管他人瓦上霜！"此为拒绝之意，是让他少管闲事。

　　吴棠见事已如此，知无妥协余地，也就毫无顾忌，借着酒兴愤然曰："有水也是淇，没水也是其，去水加欠变成欺，龙游浅水遭虾戏，虎落平阳被犬欺！"

上司睹此，怒不可遏，旋即上疏弹劾吴棠。不料事与愿违，慈禧太后念及吴棠当初在她选妃入宫时的功劳，了解得知吴棠受了委屈不降反升。

从前有个才子，博学多识，诙谐幽默，但他有个毛病，就是特别爱午睡，常常一个下午都在睡眠中度过。有一次，他的好朋友实在看不过他这懒散毛病，故意问他"宰予昼寝"一句怎么解释。此句出自《论语》，是说孔子的学生宰予大白天睡觉，孔子很生气，骂他"朽木不可雕也"。好朋友是借此来讽刺这个才子，没料到才子看了他一眼，打个呵欠道："这话还不容易理解。宰，就是杀；予，就是我；昼，就是中午；寝，就是睡觉。宰予昼寝，就是杀了我也要午睡。"说完继续呼呼大睡。好朋友哭笑不得，无可奈何。

有个人胸无点墨，却喜欢卖弄"学问"。一天，他去参加宴会，在议论"善有善报，恶有恶报"时，又高谈阔论起来："孔子是大圣人，当然也是大善人。善有善报嘛，所以子孙中多了个多谋善断的孔明……"

旁边人听了哈哈大笑，有个人故意凑趣道："说的是啊。依我看，恶有恶报，最灵验的要算秦始皇了，不然，他的子孙秦桧怎么会遗臭万年呢！"

从前有个道士，专会给人算命，据说十分灵验，名气很大。有一天，有三个进京赶考的考生，听说了道士的名声之后，特意来到道士这里问前程，想知道谁会考中。道士冥思苦想半天，在纸上写下一个"一"字。考生们不解其意，求道士说明。道士拿起拂尘一挥，说道："去吧，到时自然明白。此乃天机，不可明言。"三个考生只好怏怏地走了。

考生走了之后，小道童好奇地过来问："师父，他们到底有几个能中？"

道士说："中几个都说到了。"

"你这个'一'字是什么意思？是一个中？"

"对！"

第六章

趣闻：野史杂谈——汉字之趣

"要是中了两个呢？"

"那就是有一个不中。"

"要是三个都中了呢？"

"那就是一起中。"

"要是三个都不中呢？"

"那就是一起都不中。"

小道士恍然大悟："原来这就是'天机'啊！"

从前有个读书人进京赶考，仆人挑着行李一路跟着他。正走着，忽然一阵大风把担子上的头巾刮掉了，仆人慌忙喊道："帽落地了，帽落地了。"

进京赶考，考中称"及第"，考试没中称"落第"。这个读书人听仆人喊"落地"就联想到"落第"，以为很不吉利，于是他告诫仆人说："今后再掉落什么东西，都不要说落第，要说成'及地'（第）。"

仆人赶紧回答说："知道了。"边说边把担子上的行李捆得更紧一些，然后蛮有信心地道："放心吧。如今就是走上天去，也不会及地（第）了。"

某县令，失礼于新知府，屡次拜见，知府都不肯见他。县令心生一计，将自己乡试、会试的文章仿照知府乡试、会试的文章修改一遍，从破题到结尾，没有一句不像的。然后又找了几个人说情。知府不得已接见他，态度很不好。县令一见就说："大老爷您是卑职的恩师啊。"知府说："你我南辕北辙，从未有过来往，怎么如此称呼？"县令说："卑职当年心念

赶考图（明 青花盘）

功名,见大老爷高中,写的文章敲玉戛金,空前绝后。我因而昼夜揣摩您的文章,无一处不模仿,才得以中科举。你我虽然相隔万里,但有了您文章的参照,实在是我的万幸啊。"于是将知府乡试、会试的文章朗诵一遍,又将自己乡试、会试的文章朗诵一遍,说道:"如果不是大老爷您,我怎么能中科举?"说完放声大哭。知府不觉大喜,将他视为知己。这是因为知府文人气息未脱,而县令也善于逢迎的缘故。

相传某布政使请按察使喝酒,酒过数巡之后,布政使说自己的儿子很多,为此很忧虑。按察使又说自己只有一个儿子,也忧虑不安。有一小吏在旁边安慰说:"儿子只要成器,不在乎多少。"布政使听到后,问道:"我的儿子很多,你又怎么说呢?"小吏回答说:"儿子只要成器,再多也不发愁。"二人听了都极力称赞,请他一块来饮酒。

某人宴客,出一酒令,议定原则为:由一言联起挨次递加,至十一字为止。主人起令曰:"雨。"首座应曰:"风。"次曰:"花雨。"三曰:"酒风。"四曰:"飞花雨。"五曰:"发酒疯。"六曰:"点点飞花雨。"七曰:"回回发酒疯。"八曰:"檐前点点飞花雨。"九曰:"席上回回发酒疯。"主人曰:"皇上有道,檐前点点飞花雨。"末座应曰:"祖宗无德,席上回回发酒疯。"主人笑曰:"你将祖宗也抬出来行令,真是现身说法,出奇可制胜啊。"

第六章

趣闻：野史杂谈——汉字之趣

二、点睛篇

古人有所谓"一字之师"。同样的含义，用不同的语句表达出来，哪怕仅仅只改动一个字，其意境之深远、语言之优美，不啻天壤之别。

宋人胡旦文辞敏丽，为时人所推崇。他晚年得了眼病，在家里闲居。有一天，史官们打算为一个贵人作传。这个贵人年轻的时候身份卑微，做过杀猪的屠夫。史官以为隐瞒这件事情不符合史笔直书的精神，写下来又不知道该怎么措辞，就一起来请教胡旦。胡旦说："怎么不写'某少尝操刀以割，示有宰天下之志'？"大家听了莫不叹服。

米芾，以书画闻名于世，为北宋书法四大家之一。宋哲宗元祐年间，他曾经出任雍丘县（今河南杞县）令。有一年，他所在的地区蝗虫大起，百姓很忧虑。邻县的官吏采取焚烧、土埋等法，仍不见效，蝗虫依旧滋蔓。有人对那县官说："我县蝗虫都是雍丘县驱赶而来。因此无法捕除。"邻县的县官发一公文给雍丘县，指责雍丘，并要求米芾捕打自己境内的蝗虫，以免滋扰邻县。当时，米芾正在宴请客人，见公文后大笑，取笔大书其后云："蝗虫原是飞空物，天遣来为百

姓灾。本县若还驱得去，贵司却请打回来。"人们闻听此事与米芾诗，都笑得合不拢嘴。

大多数诗人都很敬重得道的高僧。唐朝诗人李涉就非常喜欢入寺请教高僧。有一次，他在暮春时节到镇江郊外登山，路过鹤林寺，于是就进寺与高僧谈禅悟道，深感自己受益匪浅，于是就写了一首诗："终日昏昏睡梦间，忽闻春尽强登山。因过竹院逢僧话，又得浮生半日闲。"

元代诗人莫子山也很喜欢与高僧谈禅说道。一次外出来到一间古寺，于是就进去想与高僧参禅悟道。可惜他碰到的却是一个满身铜臭的庸僧。庸僧要他"布施"，还要他题诗留念。莫子山十分厌烦庸僧的死活纠缠，忽然他灵机一动，将李涉的诗颠倒了一下写下来给了那个庸僧。他改动以后的诗表达了

《米芾拜石》（清 任伯年）

自己出来登山遇到庸僧后，无奈的心情。诗为："又得浮生半日闲，忽闻春尽强登山。因过竹院逢僧话，终日昏昏睡梦间。"虽然只是将李涉的诗颠倒了一下，却很好地表达出了自己的窘态和庸僧的俗气。

明朝时期，对于礼教的要求非常严格。比如女子出嫁之后，即使丈夫去世了，也要坚决守寡不可再嫁，否则就会被视为不贞不节。

有一个李姓少妇，年纪轻轻就死了丈夫。她想改嫁，遭到公公和小叔子的反对。这个既聪明又有勇气的女子不顾公公和快长大成人的小叔子的阻拦，决意改嫁。于是，找县官告状。她得知县官大人素来反对烦琐的文章，便冥思苦

第六章

趣闻：野史杂谈——汉字之趣

想，写了十六个字："夫亡妻少，翁壮叔大，瓜田李下，当嫁不嫁？"（公公正当壮年，小叔子年纪也大了，为了避免别人说闲话，我到底该不该改嫁？）

平时，县官接到这类诉讼状子都不当回事，但是，看过这个少妇写的状子之后，顿觉耳目一新，当即挥笔批下三个字："嫁！嫁！嫁！"（瓜田李下是一个成语，意思是路过瓜地不要弯腰提鞋子，站在李子树下，不要去整理帽子，避免摘瓜、摘李子的嫌疑。后来，人们用它来比喻容易引起嫌疑的地方。）

从前，有个书生去访友做客，由于天气阴雨羁留了几日，友妇便撺掇友人在书生的床头书了"下雨天留客天留我不留"的文字。书生进房瞥见，便明白了友人是在下逐客令。但如果立时走人，虽合情理，却未免尴尬。于是大声念道："下雨天，留客天，留我不？留。"继而说："既然朋友如此盛情，速去不恭，我就再住几日吧！"原来当时标点尚未产生，文字要靠读者自己断句。这个书生避开两句五言诗的断法，别出心裁地以散文读之，使友人逐客之意变成了留客之意，让其搬石自砸，弄巧成拙。

相传，有一个庸医，医道拙劣，常出事故，曾误诊纪晓岚好几次，纪晓岚对他十分不满。这医生偏偏再三来求纪晓岚的"墨宝"，其用意当然是想借纪晓岚的名望地位来抬高自己的身价。

纪晓岚一时别不过情面，只好替他写了一块匾额"明远堂"。医生看这字面很漂亮，就高高兴兴而去。旁人不解纪晓岚题这三字究竟什么用意。他解释说："经书上不是有'不行焉，可谓明也已矣'和'不行焉，可谓远也已矣'的句子吗？像这样的医生，只好说他'不行'。"听的人为之哑然。于是又问他："假如这医生再来纠缠不休，定要配副对联，你打算怎样？"

纪晓岚回答说，早已想好了两副对联，一副五言的，是把孟浩然一首五言律诗里的"不才明主弃，多病故人疏"两句稍加改换，成为"不明财主弃，多故病人疏"（上联中的"不明"是指医道不高明，"财主"指求医的病家，下

联中的"故"字解释为"事故");另一副七言对联,上联是用杜甫《兵车行》诗里的现成句子"新鬼烦冤旧鬼哭",下联是用李商隐《马嵬》诗里的现成句子"他生未卜此生休"。

想来这两副对联后来是不会写出去的,但就其对仗而言,可以说是天衣无缝,而且引人发笑。

从前有一个富翁为富不仁,家财万贯却又特别地吝啬刻薄。特别是对请来的私塾先生,更是特别吝啬。所以,凡是他请的私塾先生,没有哪一个能干久的。干不了几天,私塾先生实在是吃不下那个没有一点油味的青菜萝卜,只好摇着头卷起铺盖卷走人。

有一个穷教书先生,聪明机智,听说这个富翁的事后,想去斗他一斗。于是,有一天,当他听说富翁家里的私塾先生又走人以后,便来到富翁家里,要求给他的儿子当先生。富翁当然满口答应。不过,教书先生说,有话说在前头,要求跟富翁立一字据,以免今后闹出不愉快的事。一边说着,一边就拿出了一份字据。只见上面写道:"无鸡鸭亦可无鱼肉亦可唯青菜豆腐不可少不得学费。"富翁一看非常高兴,马上签字画押。

于是,富翁每顿给先生的都是水煮青菜萝卜。可是,没过几天,教书先生便在吃饭时提意见了。富翁于是不满地说:"不是说过吗,'无鸡鸭亦可,无鱼肉亦可,唯青菜豆腐不可少,不得学费'?"教书先生笑了笑说:"哪里是这样说的?我不是明明写的是'无鸡,鸭亦可;无鱼,肉亦可;唯青菜豆腐不可;少不得学费'吗?"富翁这下傻了眼。

某人在别人的婚礼上送了一块横匾作为贺礼,上书"北比臼舅"四字,旁人皆不解其意。那人解释说:"'北'字正如两人互不相识背靠背的样子;'比'字是一个向另一个展开追求的样子;'臼'字是两人面对面互相倾谈的样子;'舅'字是两人合作生下一男的样子。"众人听了,大声叫绝。

第六章

趣闻：野史杂谈——汉字之趣

从前有一个姓张的财主，妻子只生了一个女儿。女儿长大之后，就把某甲招赘于家。几年以后，张财主的妾生下一个儿子，取名叫"一飞"。

一飞长到4岁时，张财主病逝，临死前对女婿说："妾生的儿子是不能继承家产的，我决定把家产留给你们。但你们要养活他们母子二人，不要让他们衣食无着，这就是你们的功德了。"接着，他就写了一封遗嘱："张一非吾子也，家财尽与女婿，外人不得争夺。"女婿拿到遗嘱之后，心安理得，有恃无恐，对张一飞母子二人十分不好。

张一飞长大之后，忍受不了姐夫的欺凌，于是告上官府，要求继承家产。但女婿拿出遗嘱来呈给官府，官府看到之后，便对此事置之不理。后来，朝廷派使者来巡察，张一飞又去告状。使者询问了张一飞的姓名，又对着遗嘱思考了半天，叹息说："这位老先生真是智者啊。"他变换句读，变成以下文字："张一非，吾子也，家财尽与，女婿外人，不得争夺。"接着又对女婿说："你岳父分明说'女婿外人'，你还敢霸占他的家产吗？他有意将遗嘱中的'飞'字误写成'非'字，就是怕儿子年幼，被你陷害了。"

说完，就把家产判给了张一飞，众人都为此拍手称快。

古代科举考试，为了防止"枪手"入场冒名替考，对参加考试的人员要严加盘查以"验明正身"。但古代没有照相技术，所以没有今天带照片的身份证件，只是有一个简介相貌特征的证明信件。

据说有一年一个举子进京参加会试。其相貌特征证明信有"面白微须"一项，入场接受盘查时考官发现此人留着小胡子。认为相貌不符，就诘问道："'微'者，无也，'微须'即没有胡须也。你明明留有胡须，何云无须？"这位举子慢条斯理地答曰："《论语》有云'孔子微服过宋'，以阁下理解，孔子不穿衣服通过宋国？成何体统！"考官哑然。

金代科举考试入场检查（雕塑）

老记者徐铸成在他的《旧闻杂忆》中引过一个例子：解放战争初期，我人民解放军兵临长春城下，蒋军岌岌可危，但还一个劲地宣称"要忠于校长！（指蒋介石）"，高喊："黄埔精神不死！"当时的香港《文汇报》对此发表了一篇短评，将这个口号一字不易地抄下来做题目，中间只加了两个标点符号："黄埔精神，不死？"一针见血地揭露了蒋军色厉内荏的本质。果然，在短评见报那天，长春便宣告和平解放！

于右任先生的书法很有名气，平日轻易不书赠别人。有一次，一位附庸风雅者死缠着他，在无法推辞的情况下，于先生挥毫疾书"不可随处小便"六个大字。他满以为这句不雅的话，得之无用，难道还能公开张挂吗？过了几天，那求书者却喜滋滋地来访于先生。说："蒙先生赐我座右铭一幅，不胜感谢！"随手将手中的字幅抖开，只见上面是于右任亲笔书写的六个大字："小处不可随便"，确是一句精警的格言。

第六章

趣闻：野史杂谈——汉字之趣

陈赓大将是黄埔军校一期生，"黄埔三杰"之一，第二次北伐战争时曾在战场上救过蒋介石性命，是蒋介石最为喜欢的学生之一。第一次国共合作破裂之后，1933年3月陈赓在上海被捕，由上海解往南昌。当时正在南昌指挥第四次"围剿"的蒋介石亲自用高官厚禄进行劝降，遭陈赓严词拒绝。蒋介石对陈赓真是又爱又恨，又无可奈何。当部下询问该如何处置陈赓时，他再三犹豫，还是发出了"情有可原，罪无可恕"八个字的电报，意思是对陈赓处以极刑。

陈赓

然而没有想到的是，当时接收电报的是贺衷寒（一说为另外一名黄埔生）。此人亦是"黄埔三杰"之一，虽然是个顽固的反共分子，但对黄埔同学却还保留着一份情意。他收到电报之后，犹豫半晌，将词句换了个顺序，变为"罪无可恕，情有可原"八字。字虽一样，意思却已大为不同。陈赓大将因此暂时保住了性命。后来经中共和宋庆龄等民主人士营救，再加上蒋介石本人亦犹豫不决，陈赓大将终于被解救出来。

仅仅是语句换了个顺序，就解救了一位开国元勋的生命。文字之力量，可见一斑。

郭沫若的夫人于立群，是一位颇有造诣的书法家。一次，于立群想用隶书录毛泽东主席的《浣溪沙·和柳亚子先生》词"万方乐奏有于阗"一句，谁知不慎把前三字写成了"万方春"，便打算废掉。这时郭沫若在一旁将这张废字纸重新铺在案上，略思片刻，便也用隶书写成了一对联："万方春色，千顷湖光。"联语突兀见奇，顿添风采，虽是戏笔，却别有一番风趣。

民国初年的名画家郭桢擅长画花鸟。有一次，他绘桃花图和黄鹤图各一幅

赠友人，并请著名书法家赵平题诗配画。在桃花图上，赵平误把"人面桃花相映红"中的"桃"字写成了"梅"字，在黄鹤图上，又误把"黄鹤楼中吹玉笛"中的"黄"字写成了"白"字。写成后，赵平发现"笔误"后，灵机一动，就在"人面梅花相映红"下补上了一句"桃花流水杳然去"；在"白鹤楼中吹玉笛"下补上了一句"黄鹤一去不复返"，补得十分自然又妙趣横生。

三、姓名篇

凡人必有姓与名，姓与名既是人进入社会的首要信息，也是人的社会信息传递的主要载体。因此，从古至今，人们对自己的姓与名十分重视。而且名字还常常折射了历史的变迁、社会的发展以及政治背景，从而衍生出许多趣事。

中国人在三皇五帝以前，就有了姓。那时是母系社会，只知有母，不知有父。所以"姓"是"女"和"生"组成，就说明最早的姓，是跟母亲的姓。夏、商、周的时候，人们有姓也有氏。"姓"是一种族符号，从所属的部族名称而来。"氏"是姓的分支，是从君主所封的地、所赐的爵位、所任的官职而来，或者从死后按照功绩追加的称号而来。所以贵族有姓，有名，也有氏；平民有姓，有名，没有氏。同"氏"的男女可以通婚，同"姓"的男女却不可以通婚。因为中国人很早就发现这条遗传规律，近亲通婚对后代不利。

唐太宗时期，有个吏部尚书高士廉，他把民间的"姓"记录下来，写成一本《氏族志》，颁布天下，作为当时推举贤能做官或撮合婚姻的依据。

中国旧时流行的《百家姓》形成于北宋时期，里面一共收集了四百多个姓氏。后来据说有四千到六千个姓氏，但是实际应用的，只有一千个左右。

轩辕故里中华姓氏树

古代姓氏是有讲究的。"孟姜女哭长城"的故事人尽皆知，但知道孟姜女姓什么吗？有人说姓孟名姜女，还有人说她姓孟名姜，这都不对。其实，孟姜女姓姜，孟表示她在姜家偏房太太生的孩子里排行老大，女则表示她的性别。所以"孟姜女"的意思就是姜家偏房排行老大的姑娘。由此可见，古代的姓名中蕴藏着丰富的文化内涵，需要我们仔细揣摩。

从名字中可以看历史。魏晋南北朝时期，玄学盛行，起名讲究高雅，盛行以"之"命名，如书法家王羲之、画家顾恺之、将军刘牢之、科学家祖冲之、史学家裴松之、文学家颜延之、杨衒之等。

南北朝佛教盛行，取佛僧名成了时髦。一时间，僧佑、僧护、僧智、梵童、摩诃之名比比皆是。据正史载，南北朝时名字中带"僧"字的有一百二十二人，带"昙"字的三十九人，带"佛"字的二十四人。

唐宋时，道炽一时，僧也极红。以金、木、水、火、土五行命名成了时尚。

第六章
趣闻：野史杂谈——汉字之趣

如朱熹（火），父名松（木），儿名塾（土），孙名钜、钩、鉴、铎（金），曾孙名渊、泠、潜、济、浚、澄（水），刚好是五行一个循环。

宋以后，尤其是明清时期，字辈谱命名法最盛行。至今，从农村的族谱中仍可见到这一现象。其字当然是些寓意吉利的字，如文武、富贵、昭庆、德祥、龙凤、昌盛等，这一命名方式影响很大。

被誉为国学大师的章太炎先生有三个女儿，长得很美，又有才华，但迟迟无人上门提亲。原来章太炎先生有个怪癖，喜欢玩弄古字，以显示自己学问的高深和渊博。他给大女儿取名㠭（读 zhǎn，展的古字），二女儿取名叕（读 jí，《说文解字》解释为众口），三女儿叫㠭（读 lí，《说文解字》解释为二㠭），别人都不知道三位小姐的名字怎么念，又不敢在国学大师面前直呼其女儿为大姑娘、二姑娘——怕有失斯文和恭敬。结果就导致一个名门之家居然养了三个老姑娘，令章老先生忧心忡忡。

《国故论衡》（章太炎）

章老先生经过反复研究，终于"研究"出了其中的原委。于是他大摆宴席，宴请宾客，专门讲述三个女儿名字的发音和字义。美丽聪慧的章家三"千金"，这才配上如意郎君。

米芾向来有洁癖，据说他的靴子被人拿了一下，他觉得别人的手肯定脏，于是就把靴子洗了又洗，直到洗破了，还是觉得脏。因为这个习惯，他一直没有为女儿找到合适的女婿。有一天，米芾听人向他介绍一位姓段名拂，字去尘的文士，非常高兴，说："既拂矣，又去尘，真吾婿也！"这下他总算找到中意的人选了，也不管女儿愿意不愿意，就将女儿许配了出去。

宋高宗赵构因为岳飞主战、秦桧主和，被搅得六神无主，于是微服到街上散心。恰巧，遇上一个拆字先生，此时恰逢春天，赵构随手写了一个"春"字给他拆解。先生看罢纳头便拜。赵构大惊，问其究竟，先生说："客官你看，一夫旁边一轮红日，岂是等闲之辈。"赵构听了，觉得在理，便继续追问此字玄机。拆字者一边收摊，一边向赵构耳语一句："春字，'秦'头太重，压'日'无光。"说完便赶紧开溜了。很显然，这是在讽刺秦桧弄权。

名字可以决定前程。明成祖朱棣时，永乐甲辰廷试，进呈第一者姓孙名曰恭，朱棣因"曰恭"二字联在一起乃一"暴"字，以为不吉，就弃而不用，改点了颇合他意的邢宽做状元。

清道光年间，安徽天长县的戴兰芬上京赴试，本来只中了第九名，道光皇帝审稿时，却看中他名字中隐含有"天长第九（地久），戴戴（代代）兰芬"的吉兆，舍第一名史求（死囚）不取，点了戴兰芬的头名状元。

同治戊辰年进士江苏王国均，因名字与"亡国君"同音，同治皇帝心中老大不快，就贬了王国均做三甲，以知县遣派安徽。后来仍嫌不解恨，又改为教职，让王国均在山阳当了二十年教书匠。

嘉庆初年，清代皇室领侍卫大臣绵亿违反皇室关于近支宗室命名要用"纟"偏旁的规定，擅用"金"旁为长子取名奕铭，次子取名奕镰。这弄得嘉庆龙颜不悦，谴责绵亿"自同疏远，是何居心？伊既以疏远自待，朕亦不以亲侄待伊，亲近差事不便交伊管领"。命令绵亿退出乾清门，革去领侍卫大臣、管围大臣之职，硬将奕铭改名为奕绘。皇上因大耍小孩子脾气，弄得绵亿丢官削职，连冤枉也无处声张。

第六章
趣闻：野史杂谈——汉字之趣

张乡有杜拾遗庙（杜拾遗即唐朝诗人杜甫），李乡有伍子胥庙，皆年久失修。乡人把杜拾遗讹传为"杜十姨"，伍子胥讹传为"伍髭须"。后来，两乡同时重修庙宇，再塑神像。张乡人把杜老先生塑成一个娇滴滴、粉嫩嫩的杜十姨；李乡人把过昭关须发皆白的伍大将军雕成短髭如戟、身壮如牛的伍髭须。再后来，张、李二乡给两位神仙当红娘，杜十姨又变成伍髭须夫人了。伍子胥被乡人这么一弄，成了杜甫的如意郎君。

杜甫画像

古代有避讳的说法。如避皇帝名讳，即不能有和皇帝名字相同的字出现。比如唐朝开国功臣李世勣，因避唐太宗李世民的讳，遂改名李勣。又如我们现在众所周知的"秀才"一词，在东汉时期，为了避汉光武帝刘秀的名讳，一直被称为"茂才"。

还有避尊长讳。唐代著名诗人李贺，由于父亲名叫"晋肃"，"晋"与"进"同音，当时的士大夫就认为李贺为了避讳不应当举进士。韩愈就曾为李贺打抱不平，说："父名晋肃，子不得举进士。若父名仁，子不得为人乎？"杜甫一生流传下来的诗有一千四百多首，却没有一句是涉及海棠花的，也没有"闲"字出现。原因说来很简单，因为杜甫的母亲名叫海棠。而他的父亲名叫"闲"，所以杜甫诗中根本不出现"闲"字。

徐之才是南北朝人，为人机敏，博学多识。当时有位大臣叫王元景，听说

过徐之才的名声,于是和他开玩笑说:"你名叫之才,有什么道理?依我看,之字头上加一撇,叫乏才好了。"徐之才见王元景拿自己名字开玩笑,随口说道:"我的名字不好,我看你的姓更不好啊。"

王元景大为惊诧:"王是大姓,为何不好?"

徐之才道:"这个王嘛,近犬为狂,加颈加脚则为马(馬),加角加尾成了羊。"

王元景见徐之才回答如此快速,当时无话可说,十分尴尬。徐之才笑着道:"我的名字不好可以改,你的姓不好,可就改不了了。"

改名字是小事,改变姓氏,那问题可就大了。王元景被羞得满脸通红。

北魏孝文帝元宏给儿子取名为恂、愉、悦、怿,而大臣崔光给儿子取名却是劼、勖、勔。孝文帝说:"我的儿子名字偏旁都有心,而你的儿子名旁都有力。"崔光回答道:"这就是所谓君子劳心,而小人劳力的意思。"

华佗本名旉。据学者研究,"华佗"本是梵语,意思是"药"。因华佗医术高明,人们便称他为"华佗",有尊其为"药神"之意。

王维生活在唐朝鼎盛时期,此时佛教盛行,王维受佛学影响颇深。有部佛经叫《维摩诘经》,王维字"摩诘",与其名"维"组合起来正好是这部佛经的名称。王维的名字,正好折射出他的宗教信仰。

第六章
趣闻：野史杂谈——汉字之趣

四、逸闻篇

古往今来多趣事，然而大多不见于典籍，而出于稗官野史之中。诸多荒诞离奇之事，不必论其真假，亦不必论其来历，随意读来，哈哈一笑，亦另有一番读书的乐趣。

清代某次科举，题目名为"昧昧我思之"。题目出自《尚书·秦誓》，"昧昧"为不明白之意。有考生答题，开篇惊人："妹妹我思之。"阅卷老师最初不解其意，细思半晌忽豁然开朗，原来写错字了！于是在旁边批曰："哥哥你错了！"

东汉末年，太原城有个叫郭林宗的名士，做事很迷信。一天，徐稚前去拜访他，正好看见郭林宗指挥工匠砍院中的大树。那树长得挺拔俊秀，夏天遮阳，冬天挡风，给小院增添了许多生气。徐稚因此很纳闷，便问他为何要砍树。

郭林宗回答说，他这个院子四四方方，像个"口"字的形状。院子当中有树，就是"口"中有"木"。"木"在"口"中，不就是个"困"字吗？这太

不吉利了,所以一定要砍掉这棵树。

徐稚听了哈哈大笑,说砍掉这棵树后更不吉利。院子里没有了树,就只有郭林宗这个人。"口"中有"人",乃是个"囚"字,难道郭林宗是想当囚犯吗?

郭林宗听了连连点头,再也不干砍树的傻事了。

曹操打败袁绍后,纵容自己的儿子曹丕强纳袁绍的儿媳妇甄氏为妾。孔融对此很是反感,于是告诉曹操说:"武王伐纣,以妲己赐周公。"由于孔融的盛名,曹操信以为真,过了一段时间,曹操问孔融:"周公纳妲己,语出何典?"孔融曰:"以今日世事观之,当如此。"曹操至此方恍然大悟。

曹丕强令曹植作七步诗

诗重压韵,不过在权势面前,也有无奈之时刻。话说安史之乱时,史思明打下洛阳,感觉甚佳,诗兴大发,遂赋诗一首:"樱桃一篮子,半青一半黄,一半寄怀王,一半寄周贽。"(怀王是他的儿子史朝义,周贽是他儿子的老师)写完之后,遍示群臣,左右都说好。半晌,有人嗫嚅道,好是好,不过要是将

第六章

趣闻：野史杂谈——汉字之趣

第三句和第四句调一下，也许就合辙押韵了。不想，史思明听了大怒，说："你胡说，怎么能让周贽压在我儿子之上呢？"此人脑袋是否丢了，书上没讲，但估计没什么好果子吃。

唐朝时期，佛教禅宗传到了五祖弘忍禅师，他在湖北黄梅开坛讲学，手下有弟子五百余人，其中最优秀的当属大弟子神秀大师。神秀也是当时大家公认的禅宗衣钵的继承人。

弘忍渐渐老去，打算在弟子中寻找一个继承人，于是就要求众人都做一首偈子（有禅意的诗），谁做得好就把衣钵传给谁。

神秀很想继承衣钵，但又怕因为出于继承衣钵的目的而去做这个偈子，有违佛家的境界。所以他就在半夜起来，在院墙上写了一首偈子：身是菩提树，心为明镜台。时时勤拂拭，勿使惹尘埃。

这首偈子的意思是：要时时刻刻的去照顾自己的心灵和心境，通过不断的修行来抗拒外面的诱惑和种种邪魔。这是一种入世的心态，强调修行的作用，而这种理解与禅宗大乘教派的顿悟是不太吻合的。第二天早上大家看到这个偈子的时候，都说好，而且都猜到是神秀作的，很佩服。弘忍看了却没有做任何的评价，因为他知道神秀还没有顿悟。

而这时，当庙里的和尚们都在谈论这首偈子的时候，被厨房里的一个火头僧——慧能禅师听到了，慧能当时就叫别人带他去看这个偈子。这里需要说明的一点是，慧能是个文盲，他不识字。他听别人说了这个偈子，当时就说这个人还没有领悟到真谛啊。于是他自己又做了一个偈子，央求别人写在了神秀的偈子旁边：菩提本无树，明镜亦非台。本来无一物，何处惹尘埃。

从这首偈子可以看出慧能是个有大智慧的人（后世有人说他是十世比丘转世），他这个偈子很契合禅宗的顿悟的理念，是一种出世的态度。这个偈子的主要意思是，世上本来就是空的，看世间万物无不是一个空字，心本来就是空的话，就无所谓抗拒外面的诱惑，任何事物从心而过，不留痕迹。这是禅宗的

一种很高的境界，领略到这层境界的人，就是所谓的开悟了。

弘忍看到这个偈子以后，问身边的人是谁写的，边上的人说是慧能写的。于是他叫来了慧能，当着他和其他僧人的面说：写得乱七八糟，胡言乱语，并亲自擦掉了这个偈子，然后在慧能的头上打了三下就走了。这时只有慧能理解了五祖的意思，于是他在晚上三更的时候去了弘忍的禅房，在那里弘忍向他讲解了《金刚经》这部佛教最重要的经典之一，并传了衣钵给他。为了防止神秀的人伤害慧能，弘忍让慧能连夜逃走。

于是慧能连夜远走南方，隐居10年之后在莆田少林寺创立了禅宗的南宗（顿悟派）。而神秀在第二天知道了这件事以后，曾派人去追慧能，但没有追到。后来神秀成为武周时期的护国法师，创立了禅宗的北宗（渐悟派）。

《慧能斫竹》（南宋 梁楷）

王安石曾写过一本《字说》，里面错误很多，如解释波浪的"波"字，说是"水的皮"。苏东坡反唇相讥道："如此说来，'滑'字岂不是水之骨？"弄得王安石很难堪。又一次，王安石很疑惑地问苏东坡："'鸠'字一边是'九'，一边是'鸟'，古人造字时为什么这么做呢？有什么证据能解释'鸠'字的创造原理呢？""有啊，"苏东坡很正经地答道，"《诗经》里面不是有'鸤鸠在桑，其子七兮'的句子吗？鸠鸟在桑树上面，它有七个孩子。七个孩子加上爹妈，不恰巧就是'九'吗？所以'九'和'鸟'拼在一起就是'鸠'了。"王安石愣了半天，这才醒悟到苏东坡是在讥讽他。

第六章

趣闻：野史杂谈——汉字之趣

蜀地多才女，到宋代又出了个苏小妹。可说宋代四川的灵秀之气尽在苏氏一门。苏小妹的父亲苏洵，哥哥苏轼（苏东坡）、苏辙个个才高八斗，所谓"一门父子三词客，千秋文章八大家"。

苏小妹长得不胖不瘦，薄薄的丹唇，圆圆的脸蛋，乌溜溜的大眼睛，再配上高高的额头，突出的双颚，一看就是一副慧黠的样子。她从小就爱与两个哥哥比才斗口。尤其是大哥苏东坡，他满腮胡须，肚凸身肥，穿着宽袍大袖的衣服，不修边幅，不拘小节，更是她斗口的对象。

一天苏东坡拿妹妹的长相开玩笑，形容妹妹的凸额凹眼是："未出堂前三五步，额头先到画堂前；几回拭泪深难到，留得汪汪两道泉。"苏小妹嘻嘻一笑，当即反唇相讥："一丛哀草出唇间，须发连鬓耳杳然。口角几回无觅处，忽闻毛里有声传。"

这诗讥笑的是苏东坡那不加修理、乱蓬蓬的络腮胡须。女孩子最怕别人说出她长相的弱点，苏小妹额头凸出一些，眼窝深一些，就被苏东坡抓出来调侃一顿。苏小妹说苏东坡的胡须似乎又还没有抓到痛处，觉得自己没有占到便宜。再一端详，发现哥哥额头扁平，了无峥嵘之感，长着个马脸，长达一尺，而且两只眼睛距离较远，整个就是五官搭配不合比例，当即喜滋滋地再作一诗：天平地阔路三千，遥望双眉云汉间；去年一滴相思泪，至今流不到腮边。

苏东坡一听乐得拍着妹妹的头大笑不已。苏家兄妹戏谑起来，可说百无禁忌，常常是语带双关，任你想象。

元代《祔掌录》（作者未具名）记载，有一个叫李廷彦的人，写了一首百韵排律自述其志，呈给他的上司请教。上司读到里面一联"舍弟江南殁，家兄塞北亡"非常感动，深表同情，道："不意君家凶祸重并如此！"李廷彦忙恭敬地回答："实无此事，但图属对亲切耳。"上司听了哭笑不得。这事很快传开，成为笑柄。

有人用嘲讽的语调为其续了两句："只求诗对好，不怕两重丧。"后又有

人嘲笑这位仁兄,既然是作诗何必把兄弟全搭上,为什么不写"娇妻伴僧眠,美妾入禅房"?

明太祖朱元璋出身低微,做过和尚,当过盗匪。他当上皇帝之后对于以前的历史十分忌讳,看到"贼""僧""光"等字就不舒服,觉得是在影射他过往不光彩的历史。在这种心理作用下,他炮制了明代早期文字冤狱的发生。

比如,有个叫林伯瑾的官员为了拍朱元璋的马屁写了个《贺冬节表》,内有"垂子孙而作则"的句子,意思是说不仅朱元璋自己,连他的子孙都是天下的楷模。结果朱元璋反倒认为"则"是在附会"贼"字,暗示自己是"贼"的出身,于是一怒之下把林伯瑾杀了。

还有杭州的徐一夔,他的贺表中用了"光天之下""天生圣人,为世作则"的句子。朱元璋看了大怒,说:"'生'者'僧'也,说我当过和尚。'光'就是和尚头顶光光的意思。'则'字音近'贼',骂我当过贼。"于是,徐一夔自然也落了个身首异处的下场。

朱元璋画像

明太祖朱元璋有次下诏求言,有个文臣上了个折子。朱元璋命人读给自己听,结果读了三个多小时还没读完,数数已有一万六千三百多字,却还不知道对方想说什么。朱元璋大怒,立刻将这文臣拿来,重重打了一顿。第二天他又叫人读,读到一万六千五百字之后才开始进入正题,一共说了五件事,其中四件都很有道理,才用了五百字。朱元璋长叹一声:"这些酸秀才,就像臭豆腐一样,闻着臭、吃着香。"

第六章

趣闻：野史杂谈——汉字之趣

据说，次日早朝他还向那个被打的文臣道了歉。

明嘉靖年间，淳安县出了一件怪事。一大清早，县衙门前挤满了人，探头探脑地看着墙上的一张红纸。只见纸上写着一个斗大的"沓"字，左下方落款是"方正请教"。凡是看过这个字的无不摇头，连说："怪事！怪事！从来没有见过这个字。"一时间淳安县的大街小巷传遍了此消息，个个议论不休。

事情很快传到淳安知县海瑞那里，他命人把方正找来，询问这个字的由来。

原来此字出自财主冯仁之手。年初，他的儿子要请个先生启蒙。经人举荐，秀才方正应聘到冯仁家教书。冯仁生性贪婪狡猾，经常巧设圈套，诱人上当，以诈取钱财。他对方正说："先生来我家坐馆，绝不亏待你，一年二十两纹银。但我家有个规矩，到年终我得出字考考你，你若认识，银子照付，若不认识，说明你误人子弟，分文不给，还得倒贴纹银二十两。"方正是个饱学之士，就满口答应了，还当场立了字据。可到了年终，冯仁就写了上面那个字让他认，方正认不出来，辛苦了一年，还倒贴二十两银子。为弄清此字，他就张榜求教。

海瑞就把冯仁招来，问他此字的音和义。冯仁回答说："这个字嘛，就是檐头上的水落下来，打在石头上发出的滴、滴声音的'滴'字。"海瑞就问："你从什么书上看到的？"冯仁回答："这个字怪就怪在书上没有。"冯仁的鬼蜮伎俩，欺人太甚。海瑞大怒，于是也写了个"筍"字，问冯仁是否认识。冯仁摇头，海瑞说道："我来指教你。我这个字，就是竹板打在你屁股上，发出啪、啪声的'啪'字。这个字奇就奇在书上也没

海瑞奏折

有。"接着喊道："大胆劣绅，竟敢乱造文字，诈取钱财，理当重罚。"令人将冯仁拖下去重打五十大板。

有一位教书先生不学无术。一天，有个从京城来的朋友来拜访他，这时，有个学生拿着书本问"晋"字。这位先生不认识，又不好当面说，于是就用红笔在旁边画了一道杠，意思是说："等客人走后再问！"不大一会儿，又有个学生来问"卫"字，先生也不认识，用红笔在这个字上圈了个圈。过了一会儿，又一个学生问："'仁者乐山，智者乐水'中的'乐'字该怎么念。"先生不耐烦了："读'落'字就是了。"

先生说罢问客人："最近京城有什么新闻吗？"

客人说道："我离开京城的时候，只见'晋'文公被戳了一枪，'卫'灵公也被红巾军团团围住了。"

先生大惊，急忙问："不知他们手下的官兵都怎么样了。"

客人笑着说："落山的落山，落水的落水呗。"

金圣叹画像

明末清初的文坛巨子金圣叹是个幽默大师，据说他年轻时在乡邻们的催促下前往参加乡试。考题为"西子来矣"（西子即西施的美称），题意要求以越国的西施出使吴国的史实，给予评说。金圣叹把功名视若草芥，他面对试题，援笔书曰："开东城，西子不来；开南城，西子不来；开北城，西子不来；开西城，则西子来矣，吾乃喜见此美人矣！"主考见他把功名视若儿戏，即在卷上批道："秀才去矣！秀才去矣！"于是，金圣叹名落孙山。

第六章

趣闻：野史杂谈——汉字之趣

金圣叹对清朝大兴文字狱极为愤慨，他奔走呼叫"孔夫子死了"，并带领学生去哭孔庙，表示抗议。清统治者遂以蛊惑倡乱，判以死罪。其子梨儿、莲子前往探监，涕泣如雨，父子相对惨然。金圣叹赋诗曰："莲子心内苦，梨儿腹中酸。"此诗语意双关，对清统治者的残暴进行了谴责。临别，两儿询问父亲有何遗嘱？金圣叹叫他们附耳过来，悄声说："花生米与五香豆腐干同嚼，有火腿味道，千万不要让那些刽子手知道，免得他们大发其横财。"金圣叹把生死置之度外，幽默诙谐，表现了他对清朝统治者的轻蔑与反抗。

金圣叹被处决时，正值山河淡妆素裹，雪化冰消之际。他翘首苍天，触景生情，立就一首自悼诗，并高声吟诵道："天悲悼我地丁忧，万里河山戴白头。明日太阳来吊唁，家家户户泪长流。"吟罢，金圣叹人头落地。那头颅滚出数丈，从耳内掉出两个纸团，监斩官将纸团打开一看，一纸团上写的是"好"字，另一纸团上写的是"痛"字。这两个字是他对人民深重灾难的呼号，也是为自己不幸的哀叹！

民间流传着这样一个故事。李鸿章有个远房亲戚，读了几年私塾，平时满口"之乎者也"的，其实并无实学。

又到开考之年，这位亲戚自以为才高八斗，便背上行李，前去参加考试。谁料试题一到手，他顿时傻了眼——不会做！左顾右盼，看看时间是越来越少，他东拉西扯乱写一通。突然想到自己是李鸿章的远方亲戚，这可是块硬牌子，料想你主考官知道后也不敢不录取我。于是此人急忙在试卷右上角写道："我是李中堂大人的亲妻。"原来此人不学无术，居然将"戚"字写成了"妻"字。

主考官为人诚实耿直，看到这东拉西扯的文章毫无章法，刚要扔掉，突然看见右上角的文字，想了想在试卷上批道："因为你是李大人的亲妻，所以我无论如何也不敢娶（取）你。"

一文人收到友人书信一封和一盒礼品，信上写道："送上琵琶，请笑纳。"

文人打开礼盒一看,原来是吃的枇杷,而不是乐器琵琶,便回信调侃道:"枇杷不是此琵琶,恼恨当年识字差。若是琵琶能结果,满城箫管尽开花。"

不几日,该文人收到友人回信,开笺一看,内曰:"琵琶确非此枇杷,一词之误笑大家。琵琶本为乐中物,岂可树上结繁花。吾观文章窥大义,君却喜把白字抓。如今果已至君腹,君可抚腹吹弹拉。"

有一次,奉系军阀张作霖应邀参加一个酒会,席间有个日本人因为听说张作霖大字不识几个,意欲让其当众出丑,所以就拿出笔墨请张作霖题词。想不到张作霖却胸有成竹,挥笔就写了一个大大的"虎"字,然后落款为:"张作霖手黑"。秘书见状忙小声提醒:"大帅,您的'墨'字少了个'土',成'手黑'了。"可张作霖却把眼睛一瞪,掷笔而起,大声说道:"我还不知道这'墨'字下面有个'土'?这是写给人家看的,不能让他带走'土'!"张作霖对日本人"寸土不让",难怪日本人要暗算他。

第七章
妙文：诙谐搞笑——汉字之谑

我们的生活需要笑。笑是生活中不可缺少的甘甜调料，没有笑声的生活是一种酷刑。没有笑，生活的枯燥乏味让人难以接受。

是寓庄于谐的奇文也罢，是辛辣讽刺的檄文也罢，抑或是恶搞无厘头的怪文也罢，若能给繁忙的生活增添几分笑料，给紧张的心情注入几声舒缓的乐音，则此文就已达到目的了。

恶搞自古有之,并非今人之专利,只不过古人将它起了个文雅的称呼,唤做"诙谐文"。大致而言,诙谐文分为三类:第一类,以寓言的形式,假借自我嘲弄而发其怀才不遇的牢骚;第二类,用类似童话或神话的手法,把动植物等拟人化以影射现实;第三类,纯粹游戏之作,讽刺意味不太明显。也就是说,诙谐文大致包含寓言体、假传体和游戏文。

诙谐文乃是实打实的文字游戏,其艺术特色大致有四:一脉相承,自成系统;搜辑故实,炫人博学;比拟贴切,涉笔成趣;人事讥嘲,相得益彰。然而,尽管诙谐文的创作不限文体,但在强调文学实用性的历史环境中,游戏文字往往不被重视,反而多被指责。即使到今天,亦不过是被冠以"恶搞""网文"一词而已。

第七章

妙文：诙谐搞笑——汉字之谑

一、古文篇

古文中亦多诙谐文，百读不厌。如纪晓岚、郑板桥等人，都留下不少类似的文章。此类诙谐文大多以散曲、小词或口头语表达，多在民间流传，很难被视为正式作品。

西汉时，蜀中才子司马相如与富商之女卓文君的爱情故事是经典。一曲《凤求凰》，流传悠久。司马相如在长安为官，官运亨畅，高官得做，骏马得骑，沉溺于声色犬马、灯红酒绿中，忽然对卓文君有了休妻之念，便修书一封给了卓文君。一张大白纸寥寥写着几个数字："一二三四五六七八九十百千万。"卓文君当即就明白，当了高官的丈夫已有了嫌弃自己之意。无亿，即是"无意"。她一时悲愤交加，写了下文的回信：

司马相如与卓文君

  一别之后,二地相悬,只说是三四月,又谁知五六年。七弦琴无心弹,八行书无可传,九连环从中折断,十里长亭望眼欲穿。百思想,千系念,万般无奈把郎怨。

  万语千言说不完,百无聊赖十依栏,重九登高看孤雁,八月中秋月圆人不圆。七月半烧香秉烛问苍天,六月伏天人人摇扇我心寒,五月石榴如火偏遇阵阵冷雨浇花端。四月枇杷未黄,我欲对镜心意乱。忽匆匆,三月桃花随水转,飘零零,二月风筝线儿断。噫!郎呀郎,巴不得下一世你为女来我为男!

  这篇文章读来回肠荡气,情意绵绵,司马相如看后,顿释休妻之念,绝了声色犬马,与卓文君恩爱相伴一生。

  韩愈曾写过一篇《毛颖传》,"毛颖"即"毛笔"。明明只是毛笔一物,韩愈却煞有其事地把它当作人来写,还考证其祖先,为其列传,并且还采用了

第七章

妙文：诙谐搞笑——汉字之谑

《史记》的笔调，实开"恶搞"之先锋。

毛颖者，中山人也。其先明视，佐禹治东方土，养万物有功，因封于卯地，死为十二神。尝曰："吾子孙神明之后，不可与物同，当吐而生。"已而果然。明视八世孙𪏭，世传当殷时居中山，得神仙之术，能匿光使物，窃妲娥、骑蟾蜍入月，其后代遂隐不仕云。居东郭者曰䝮，狡而善走，与韩卢争能，卢不及，卢怒，与宋鹊谋而杀之，醢其家。

秦始皇时，蒙将军恬南伐楚，次中山，将大猎以惧楚。召左右庶长与军尉，以《连山》筮之，得天与人文之兆。筮者贺曰："今日之获，不角不牙，衣褐之徒，缺口而长须，八窍而趺居，独取其髦，简牍是资，天下其同书，秦其遂兼诸侯乎！"遂猎，围毛氏之族，拔其豪，载颖而归，献俘于章台宫，聚其族而加束缚焉。秦皇帝使恬赐之汤沐，而封诸管城，号曰管城子，日见亲宠任事。

颖为人，强记而便敏，自结绳之代以及秦事，无不纂录。阴阳、卜筮、占相、医方、族氏、山经、地志、字书、图画、九流、百家、天人之书，及至浮图、老子、外国之说，皆所详悉。又通于当代之务，官府簿书、市井贷钱注记，惟上所使。自秦皇帝及太子扶苏、胡亥、丞相斯、中车府令高，下及国人，无不爱重。又善随人意，正直、邪曲、巧拙，一随其人。虽见废弃，终默不泄。惟不喜武士，然见请，亦时往。累拜中书令，与上益狎，上尝呼为中书君。上亲决事，以衡石自程，虽官人不得立左右，独颖与执烛者常侍，上休方罢。颖与绛人陈玄、弘农陶泓，及会稽褚先生友善，相推致，其出处必偕。上召颖，三人者不待诏，辄俱往，上未尝怪焉。

后因进见，上将有任使，拂拭之，因免冠谢。上见其发秃，又所摹画不能称上意。上嘻笑曰："中书君老而秃，不任吾用。吾尝谓中书君，君今不中书邪？"对曰："臣所谓尽心者。"因不复召，归封邑，终于管城。其子孙甚多，散处中国夷狄，皆冒管城，惟居中山者，能继父祖业。

太史公曰：毛氏有两族。其一姬姓，文王之子，封于毛，所谓鲁、卫、毛、聃者也。战国时有毛公、毛遂。独中山之族，不知其本所出，子孙最为蕃昌。《春秋》之成，见绝于孔子，而非其罪。及蒙将军拔中山之豪，始皇封诸管城，世遂有名，而姬姓之毛无闻。颖始以俘见，卒见任使，秦之灭诸侯，颖与有功，赏不酬劳，以老见疏，秦真少恩哉。

湖笔

此文翻译成白话文是：

  毛颖是中山人。他的先人是兔子，辅佐大禹治理东方，因养育万物有功，因此在卯地获得封地，死后成为十二神之一。他曾经说："我的子孙是神的后代，不可以和其他生物相同，生产是从嘴里吐出来的。"后来果然是这样。兔子的第八代孙子刚刚出生，人世间正当殷朝时期，它住在中山，得到了神仙的法术，能够隐身、驱使物事，与嫦娥偷情，骑蟾蜍进入月亮。他的后代便隐居不当官，住在城东的名叫鵋（读音cūn），他狡猾并且善于奔跑，和韩卢比赛，韩卢不如他。韩卢恼怒，

第七章

妙文：诙谐搞笑——汉字之谑

和鹊共同谋划杀了他，将他全家剁成了肉酱。

秦始皇的年代，蒙恬将军在南方讨伐楚国，在中山停留，准备举行大型的狩猎行动来威吓楚国，召集左右的庶长和军尉一起，用《连山》占卜这次行动，预测天时和人和。占卜者恭贺道："这次要捕获的，是没有角、牙齿不锋利，穿短布衣的动物，唇裂须长，有八窍，像打坐一样坐着。取他的毛，可以用来在简牍上书写，天下都要用他来写同样的文字，秦难道要兼并诸侯吗？"于是开始狩猎，围捕毛颖家族，拔下他们的毛，将毛颖（颖：原意是尖端，此处还暗指毛颖即兔子）装车带回，到章台宫将俘虏献给皇帝，聚集他家族的人将他们束缚起来（暗指束缚兔毫做笔）。秦始皇恩赐让蒙恬将他放入汤池沐浴（暗指毛笔之沐于砚中），并赐它封地：管城（暗指：做成毛笔，必需竹管），赐名字：管城子。逐渐得到皇帝的恩宠并管理事务。

毛颖作为一个人来说记忆力非常强并且敏捷、敏锐，从结绳记事的年代起直到秦代的事，没有不编纂记录的；阴阳、卜卦、占卜相术、医疗方术、民族姓氏、山川的记载、地志、字和书法、图画、三教九流诸子百家等天下的书，乃至佛学、老子、外国的各种学说，全都详细地记下；还通晓当代的各种事务，官府公函，市井中货物钱财的账目记录，随上司使唤。从秦始皇到太子扶苏、胡亥、丞相李斯、中车府令赵高，下到国民百姓，没有不重用他的。他又善于随人的意，正直、邪恶、委婉、巧妙、拙朴，全都随人的意。虽然有时被废弃一边，始终沉默但不泄气。唯有一点，他不喜欢武士，但是如果被请也经常前往。毛颖长期被封为中书令，和皇上更加亲密，皇上曾经称他为中书君。皇上亲自决断公事，每天阅览公文以达到规定的重量来限定自己，就是宫里的人也不得站在他的旁边，唯独毛颖和拿蜡烛的奴仆经常在旁边侍奉，皇上休息时才完。毛颖和绛县人陈玄（陈：旧；玄：黑，指墨）、弘农县（当时产砚台）的陶泓（砚台）和会稽县（当时

产纸）褚先生（指纸）友好相善，互相推崇备至，他们出现的地方必定互相偕同。皇上召见毛颖，他们三人不等皇帝召见，就一起前往，皇上从没怪罪过他们。

后来一次进见时，皇上要委任，重用他，于是脱下帽子谢恩。皇上看见他的头发秃了，并且所画的画不能如皇上的意。皇上讥笑道："中书君老并且秃头，不能胜任我的任务了。我曾经称您是中书（中：中用；书：书写），您现在是不中书啊？"回答说："我就是尽心啦。"于是皇上不再召见，他回到封地，在管城终老。他的子孙很多，分散在中国和外地，都冒充是管城人，唯有住在中山的后代能够继承父辈祖宗的事业。

太史公说："毛家有两族，其中一族是姬姓，周文王的儿子，封为毛，就是所谓的鲁、卫、毛、聃。战国的时候有毛公、毛遂。唯有中山这一族，不知道他们的祖宗，子孙最兴旺。孔子作《春秋》，是见捉到麒麟而停笔的，而不是毛颖的罪过。蒙将军拔中山兔子的毛，秦始皇赐封管城，于是世代有名，而姬姓的毛族默默无闻。毛颖起始于俘虏的样子出现，完结于任命和重用。秦灭诸侯，毛颖肯定有功劳，没有赏赐和酬劳，还因为老迈而被疏远，秦始皇真是薄情寡义啊！"

韩愈写了《毛颖传》后，遭到了时人的非议与责难。韩愈的弟子张籍就两次写信批评他"尚驳杂无实之说"。《旧唐书·韩愈传》也指责《毛颖传》"讥戏不近人情"，乃"文章之甚纰缪者"。可见恶搞不为主流所容，古今皆然。

金人王特起为了庆贺友人生第三个儿子，乘兴作了一首充满喜庆诙谐趣味的怪词。怪就怪在全篇大量引用历史上的名臣、武将、才子及有关事物，而且这些都是可以与数字"三"发生关系的词语。

古今三绝。为郑国三良，汉家三杰。三俊才名，三儒文学，更有

第七章

妙文：诙谐搞笑——汉字之谑

三君清节。争似一门三秀，三子三孙奇特，人总道，赛蜀郡三苏，河东三薛。

欢惬。况正是三月风光，杯好倾三百，子并三贤，孙齐三少，俱笃三余事业。文即三冬足用，名即三元高揭。亲朋庆，看宠加三分，礼膺三接。

此篇虽是游戏之作，但玩味之余，亦可见作者高才精思，颇费了一番工夫，用心亦良苦矣。

元代大戏剧家关汉卿，是写散曲的高手。他有些小令散曲，全首几乎都是用叠字、排句组成，读来颇有文趣，百读不厌。如《不伏老》：

我是个蒸不烂、煮不熟、捶不扁、炒不爆响当当一粒铜豌豆，恁子弟每谁教你钻入他锄不断、斫不下、解不开、顿不脱、慢腾腾千层锦套头。我玩的是梁园月，饮的是东京酒，赏的是洛阳花，攀的是章台柳。我也会围棋、会蹴鞠、会打围、会插科、会歌舞、会吹弹、会咽作、会吟诗、会双陆。你便是落了我牙、歪了我嘴、瘸了我腿、折了我手，天赐与我这几般儿歹症候，尚兀自不肯休。则除是阎王亲自唤，神鬼自来勾，三魂归地府，七魄丧冥幽，天那，那其间才不向烟花路儿上走！

这真堪称是一段精妙奇文！它描写了一个反抗者的形象，感情汪洋恣肆，痛快淋漓。叠字、排句的应用炉火纯青，极富于节奏感，读之益情益趣，令人拍案叫绝。

关汉卿

明代曲令中,有不少讽喻之作写得绘声绘色,精彩风趣。下面这首曲牌为《山坡羊》的散曲,是讽刺吹牛皮、说大话的人。全文如下:

我平生好说实话,我养个鸡儿,赛过人家马价;我家老鼠,大似人家细狗;避鼠猫儿,比猛虎还大。(我)头戴一个珍珠,大似一个西瓜;贯头簪儿,长似一根象牙。我昨日在岳阳楼上饮酒,昭君娘娘与我弹了一曲琵琶。我家下还养了麒麟,十二个麒麟下(生)了二十四匹战马。实话!手拿凤凰与孔雀厮打;实话!喜欢我慌了,跰(蹦)一跰(蹦),跰(蹦)到天上,摸了摸轰雷,几乎把我吓杀。

这首歌词,以说大话者第一人称写来,使读者似见其声貌。歌词里于一本正经自夸之后,时而露露马脚,令吹牛者大出洋相,从而达到鞭笞的目的和诙谐的效果。

古往今来,官场上"吹喇叭""抬轿子"之风长刮不衰,人们深为反感。明代散曲作家王磐写的《朝天子·咏喇叭》,可谓替民众出了一口闷气。兹录如下:

第七章

妙文：诙谐搞笑——汉字之谑

喇叭，锁哪（呐），曲儿小腔儿大。官船来往乱如麻，全仗你抬身价。军听了军愁，民听了民怕。哪里去辨什么真共假？眼见得吹翻了这家，吹伤了那家，只吹得水尽鹅飞罢！

散曲中遣词造句，紧紧围绕着唢呐的形象而又生发开来，借题发挥。最后讲："吹翻了这家，吹伤了那家，只吹得水尽鹅飞罢！"于幽默风趣中道出了吹拍之风的误国害民。

在明代李开先的《一笑散》中，收入一首讽刺封建统治者残酷剥削的散曲，曲牌叫《醉太平》：

夺泥燕口，削铁针头，刮金佛面细搜求，无中觅有。鹌鹑嗉里寻豌豆，鹭鸶腿上劈精肉，蚊子腹内刳脂油，亏老先生下手！

这篇散曲，用了六个无中生有或难于下手的形象生动的事例，来比喻搜刮者的刻薄。比喻生动，形象鲜明。曲文高明之处在于，讽刺剥削者但又不直接点明是对人的剥削，使读者从形象的比喻中自己去体味。尤其令人感到忍俊不禁的，是被讽刺的那位"老先生"的滑稽表演，他下手的六件事例，都是反常的、极不协调的，也是常人难于理解的，但他还是不肯善罢甘休。其喜剧形象产生了强烈的讽刺效果，可谓讽刺佳作。

古人写字作画，有索取报酬的惯例，称为"润笔"。但文人不言利，因此许多人都不好意思明目张胆地索要润笔。然而，郑板桥却与众不同，写了一篇《笔榜小卷》挂在厅堂中，堪称妙文：

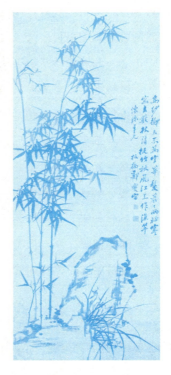

《墨竹》（郑板桥）

  大幅六两，中幅四两，小幅二两，书条、对联一两，扇子、斗方五钱。凡送礼物、食物，总不如白银为妙。公之所送，未必弟之所好也。送现银则心中喜乐，书画皆佳。礼物既属纠缠，赊欠尤为赖账。年老神倦，不能陪诸君子作无益语也。画竹多于买竹钱，纸高六尺价三千，任渠话旧论交接，只当清风过耳边。乾隆乙卯，拙公和尚属书谢客，板桥郑燮。

  这篇《笔榜小卷》倒是实实在在，快人快语。清朝吴山尊深有感触，居然叫人把这篇奇文勒石作碑，真是英雄所见略同。

  有三个连襟兄弟因为岳父亡故，各自忙着准备祭礼。大襟兄备猪，二襟兄备羊，唯有三襟弟穷得叮当响，拿不出像样的东西，愁得躺在床上吸着旱烟袋冥思苦想。正巧一只过梁老鼠掉下来，他一烟袋将老鼠打死，灵机一动，就以老鼠为祭礼，来到岳父灵前，念出了一篇诙谐的祭文：

  大姨爹抬猪，二姨爹抬羊，唯有我三姨爹穷困无钱。冥思苦想，辗转睡床。看见老鼠，走过屋梁。拿起烟斗，打出脑浆。一瓢滚水，烫得毛光。一把稻草，熏得焦黄。河边开剖，血流满江。血映天红，惊动玉皇。玉皇传问，肇事何方？天兵回禀，杀鼠治丧。玉皇惊愕，怒斥荒唐。自古祭礼，杀猪宰羊。未闻鼠祭，罕见独创。天将跪禀，怒听端详。鼠身虽小，其味喷香。羊吃百草，猪吃粗糠。鼠吃五谷，粒粒细粮。人说一鼠，可顶三鸡。味道鲜美，滋补营养。亲朋六眷，阵阵闻香。众口同赞，鼠胜猪羊。敬献岳父，表婿断肠。祈祷冥福，灵前鉴赏。呜呼尚飨。

  古时学馆中于每年阴历二月、八月第一个丁日祭祀孔子，称为丁祭，祭过之后学生们可分食祭品。滁州侍郎刘清看到丁祭后学生们争祭物的场面后，作了一篇文章来取笑：

第七章

妙文：诙谐搞笑——汉字之谑

> 天将晓，祭祀了。只听得两廊下闹吵吵。争胙肉的你精我肥，争馒头的你大我小。颜渊德行人，见了微微笑。子路好勇者，见了心焦躁。夫子喟然叹曰："我也曾在陈绝粮，不曾见这伙饿殍。"

清代科场上喜欢把经书中毫不相关的两句话凑在一起出成试题，目的在于防止考生抄袭现成的文章。其写法着意于文章格式，而对经书原文阐发的古贤人的本意就弃而不顾了。明代就有这样的考法，有一次出题为"杖叩其胫阙党童子"。"杖叩其胫"出自《论语·宪问》，说孔子用拐杖敲打老朋友原壤的小腿。"阙党童子"也出自这一章，但在另外一段中，说阙里有一位童子来给孔子传信。由于这两句话意思不相连，有的考生在过渡一段中写道：

> 孔子一拐杖打下去，原壤痛不可忍；第二拐杖打下去，原壤仆地而倒；第三拐杖打下去，原壤一命呜呼。三魂渺渺，七魄悠悠，忽然一阵清风，化为阙党童子。

据说四川有座二郎庙，内有一碑，刻有《二郎庙记》，其碑文曰：

> 好人莫如行善，行善莫如修二郎庙。二郎者，大郎之弟，三郎之兄，老郎之子也。庙前有二株树，人皆以为树在庙前，我独以为庙在树后。庙内有钟鼓二楼，钟声咚咚，鼓声嗡嗡。因而为之记。

全文仅七十二字，但短而不简，整篇碑文空洞无物，语言啰啰唆唆，废话连篇。

既是为二郎修庙，当对二郎之生平行状略做交代，然而通篇无一字言及，却对二郎与兄弟父亲的关系纠缠不清，末句称因钟鼓及钟鼓之声而作记，真是莫名其妙，尤其是树庙前后之争，更是让人哑然失笑。这可谓"短而臭"的典范之作了。

《前赤壁赋》是一代文豪苏东坡的著名散赋，它着力描写秋夜赤壁之美与

游客的逸兴,并通过对自然物明月、江水变与不变的论证,表达了作者旷达、超脱的生活态度。语言清新俊逸,名句荟萃,脍炙人口;自有宋以来凡读东坡公此篇传神笔墨,没有不拍案叫绝者。元代戏曲家孙季昌就将苏东坡的《前赤壁赋》由散赋隐括成套曲,既未画虎类犬伤其高雅,又平添了供人引吭高歌的作料其上,真可谓锦上添花,非有鬼斧神工之技者,谁敢为此?套曲如下:

《赤壁夜游图》(清 任颐)

万里长江,举空烟浪。惊涛响,东去茫茫,远水天一样。

[混江龙]壬戌秋七月既望,泛舟属客乐何方?过黄泥之坂,游赤壁之旁。银汉无声秋气爽,水波不动晚风凉。诵明月之诗,歌窈窕之章。少焉月出东山上,紫薇贯斗,白露横江。

[油葫芦]四顾山光接水光,天一方,山川相缪郁苍苍。浪淘尽风流千古人物凋丧,天连接崔嵬,一带山雄壮。西望见夏口,东望见武昌,我则见沿江杀气三千丈,此非是曹孟德困周郎?

[天下乐]隐隐云间见汉阳,荆襄,几战场?下江陵顺流金鼓响。旌旗一片遮,舳舻千里长,则落得渔樵每做话讲。

[哪吒令]见横槊赋诗是皇家栋梁,见临江洒酒是将军虎狼,见修文偃武是朝廷纪纲,如今安在哉?做一世英雄将,空留下水国鱼邦。

[鹊踏枝]我则见水茫茫,树苍苍,大火西流,乌鹊南翔,浩浩

第七章

妙文：诙谐搞笑——汉字之谑

乎不知所往，飘飘乎似觉飞扬。

[寄生萍]渺沧海之一粟，哀吾生之几场。举匏樽痛饮偏惆怅，挟飞仙羽化偏舒畅。溯流光长叹偏悒怏。当年不为小乔羞，只今惟有长江浪。

[尾声]漫把洞箫吹，再把词章唱。苏子正襟坐掀髯再鼓掌，洗盏重新更举觞。眼纵横倚篷窗，怕疏狂错乱了宫商。看核盘空夜未央，酒入在醉乡。枕藉乎舟上，不觉的朗然红日出东方。

赵元任，1892年11月3日生于天津，是国际知名的语言学大师，中国现代语言学的奠基者之一。

赵元任曾编了一个极"好玩儿"的单音故事，以说明语音和文字的相对独立性。故事名为《施氏食狮史》，通篇只有"shi"一个音，写出来，人人可看懂，但如果只用口说，那就任何人也听不懂了：

石室诗士施氏，嗜狮，誓食十狮。氏时时适市视狮。十时，适十狮适市。是时，适施氏适市。氏视是十狮，恃矢势，使是十狮逝世。氏拾是十狮尸，适石室。石室湿，氏使侍拭石室。石室拭，氏始试食十狮尸。食时，始识十狮尸，实十石狮尸。试释是事。

翻译成白话文是：

有一位姓施的诗人，住在一间以石头盖成的房屋里，特别喜欢狮子，并且爱吃狮子，他发誓要吃掉十头狮子。他时常都到市上察看有无狮子出现，某日十时，正好有十头狮子出现在市上，当时施君也来到市上。他看到这十头狮子，于是取下弓箭，将这十头狮子予以射杀。施君随之拾起十头射杀死掉的狮子的尸体，准备搬运到他住的地方石室。不凑巧，这间石室很潮湿，施君叫他的仆人将石室擦干净，等到把石室擦干净，他开始尝试吃掉这十头狮子的尸体。正要吃的时候，才识破这十头狮尸，并非真的狮尸，而是十头用石头做的狮子。现在

请你试将这件事情解释一下。

只用一个发音来叙述一件事,除了中文,怕是再无其他语言能做到了。

第七章
妙文：诙谐搞笑——汉字之谑

二、今文篇

从文言文到白话文虽是一大变革，然而文字自身的特性却是没有改变的。幽默的文字，可用人们最喜欢接受的方式，循循善诱地给人以善恶美丑的教益与启迪，也可作为人们社交的润滑剂，使人们的言谈文笔更加融洽风趣，分寸有度。

《青年界》杂志主编赵景深有一次向老舍先生催稿，先在纸上写了一个大赵字，然后用红笔把赵字圈了起来，在这旁边写了一行小字："老赵被围，速发救兵。"老舍拆信一看，哈哈大笑，深感有趣，于是复了一信，并附上一篇短篇小说《马裤先生》。信文如下：

　　景深兄：
　　元帅发来紧急令：内无粮草外无兵！小将提枪上了马，《青年界》上走一程。罗！马来！
　　"参见元帅。"
　　"带来多少兵马？"

"两千来个字!还都是老弱残兵!"

"后帐休息!"

"得令!"

正是:旌旗明日月,杀气满山头!

祝吉!

弟舍 × 年 × 日

老舍

老舍先生对文坛上出一本薄书就又是序啊又是跋,甚至还请人或自己写"小传"扬名的风气很是不屑,于是也写了一篇"自传",旁敲侧击,针砭时弊,全文如下:

> 舒舍予,字老舍,现年四十岁,面黄无须。出于北平。三岁失怙,可谓无父,志学多年,帝王不存,可谓无君。无父无君,特别孝爱老母,布尔乔亚之仁未能一扫空也,幼读《三百篇》,不求甚解。继学师范,遂奠教书为业,甚难发财,每购奖券,以得末彩为荣,亦甘于寒贱也。廿七岁发愤著书,科学哲学无所懂,故写小说,博大家一笑没什么了不得。三十四岁结婚,今已有一男一女,均狡猾可喜。闲时喜养花,不得其法,每每有叶无花,亦不忍弃。书无业不读,全无收获并不着急。教书做事均甚认真,往往吃亏,亦不后悔。如此而已。再活四十年也许有点出息。

这篇"自传"不但妙趣横生,而且一反那些自吹自擂的"小传",写得质朴自谦,幽默风趣,读之使人耳目一新。

1919年1月,刘半农寄了两本书给朋友,并附了一封别开生面的信,全文如下:

(生)咳,方六爷呀,方六爷(唱西皮慢板)你所要,借的书,

第七章

妙文：诙谐搞笑——汉字之谑

我今奉上。这其间，一本是，俄国文章。那本是，瑞典国，小曲滩簧。只恨我，有了它，一年以上，都未曾，打开来，看过端详。（白）如今你提到它，（唱）不由得，小半农，眼泪汪汪。（白）咳，半农呀，半农呀，你真不用功也。（唱）但愿你，将它去，莫辜负它。摆一摆，手儿呵，你就借去了罢。（下）

这封信是以戏曲形式写的，读来轻松幽默，但也有自责之词，责己不够用功，存书久而不看，具有劝诫之意。

从前有个私塾先生，他在附近山顶的寺庙里有个酒友和尚。一天先生去山上和尚那里喝酒，临走前给学生留作业，以酒为题写一篇文章。学生正在抓耳挠腮做不出的时候，偶然翻到了一本关于祖冲之的书，学生一想有了。

先生回来检查作业，看见学生写的文章，先是大怒，继而开怀大笑，连声称赞好文章，好文章。文章很短，是这么写的：

山巅一寺一壶酒，尔乐苦杀吾。把酒吃，酒杀尔，杀不死，乐而乐。

此文读来令人喷饭，其实，却是圆周率的谐音。（3.14159 26535 897 932 384 626）

图书在版编目（CIP）数据

汉字文化的魅力 / 沧浪编著. —— 北京：北京大学出版社，2017.4
ISBN 978-7-301-28121-5

Ⅰ.①汉… Ⅱ.①沧… Ⅲ.①汉字—文化研究 Ⅳ.①H12

中国版本图书馆 CIP 数据核字 (2017) 第 034498 号

书　　　名	汉字文化的魅力 HANZI WENHUA DE MEILI
著作责任者	沧浪　编著
责 任 编 辑	刘维
标 准 书 号	ISBN 978-7-301-28121-5
出 版 发 行	北京大学出版社
地　　　址	北京市海淀区城府路 205 号 100871
网　　　址	http//www.pup.cn　新浪微博：@北京大学出版社
电 子 信 箱	zpup@pup.cn
电　　　话	邮购部 62752015　发行部 62750672　编辑部 62764976
印 刷 者	北京中科印刷有限公司
经 销 者	新华书店 710 毫米 × 1000 毫米　16 开本　15.5 印张　260 千字 2017 年 4 月第 1 版　2017 年 4 月第 1 次印刷
定　　　价	38.00 元

未经许可，不得以任何形式复制或抄袭本书之部分或全部内容。
版权所有，侵权必究
举报电话：010-62752024　电子信箱：fd@pup.pku.edu.cn
图书如有印装质量问题，请与出版部联系，电话：010-62756370